1%の隣人たち

豊岡発！
外国人住民と共に生きる地域社会

佐々木祐・平井晶子 編

昭和堂

目次

目　次

第Ⅱ部　暮らしとネットワーク――家族・友人・NPO・行政、過去と未来

第Ⅲ部　子どもの育ち——住民の声、現場の声

序　「一％の隣人たち」というリアル

佐々木祐

1　いま注目の豊岡市

本書が取り上げる豊岡市は、コウノトリの自然放鳥事業やジェンダーギャップ解消の推進、そして「芸術文化観光専門職大学」の設立をはじめとした演劇による地域活性化など、ユニークな取り組みにより近年とりわけ注目されるようになった、兵庫県北部の但馬地域に位置する人口八万人弱の地方中核都市である。また、情緒ある街並みで有名な城崎温泉や、但馬の小京都と呼ばれる出石といった観光地を擁するとともに、日本海側の良港を拠点にした漁業や、全国一の生産量を誇るかばん産業などでも知られている。

豊かな自然や美味しい食材にも恵まれたこの地を対象に、豊岡市と神戸大学による共同事業として、二〇一九年度から二〇二一年度にかけて取り組まれたのが、本書のもととなった「外国人住民に関する調査研究」である。外国人住民を地域の重要な一員として位置づけ、多文化共生社会構築のための課題を発見し、指針を策定するために、その生活実態を総合的かつ包括的に把握する必要があったからである。これはまた、当時の中貝宗治市長を中心に、豊岡市が地域の未来と生き残りをかけて掲げたスローガン「小さな世界都市 ― Local & Global City」実現のための一つの軸として位置づけられている。主として蟹と温泉と但馬牛に誘惑された筆者も、他の調査研究メンバーとともにこの作業に一貫して関わってきた。

さて、筆者は調査先の地域社会の様相を深く知るため（という言い訳で）、夜な夜なその街を徘徊するというミッションを自分に常に課している。豊岡に通い始めた当初、そうして酒場で言葉を交わすようになった地元の方々から、必ず「神戸から、なんでわざわざ豊岡に来んさったん？」と尋ねられるのだが、そこにはどこか「豊岡なんて、なんにもないのに」というニュアンスも感じられるのだった。だがもちろん「確かに、なんにもないですね」などと答えようものなら一気に険悪な雰囲気になるであろうことは明白なので、それが但馬人気質というものなのかもしれない（また事実、上述のとおり、何もないなどということはまったくない）。それはともかく、着手しつつあった調査の目的や内容について説明すると、皆さん「そういえば最近、外国の若い人ら、豊岡でも確かに見るようになったなぁ……」と、改めて気づいたような様子をされる一方で、「うーん、でもまあ、そんなにようけおったかなぁ……」といまいち腑に落ちない顔をされることもしばしばであった。もちろん、それから数年経った現在では、市や支援団体・個人の熱心な取り組み、また願わくは私たちの調査の甲斐も多少はあって、地域に生きる外国人住民の存在や生活の様子はずいぶんと知られるようになってきているようだ。

2　隣人としての外国人住民

こうした感覚は、豊岡市に限らず、他の多くの地方都市でもあまり変わらないのではないだろうか。二〇二二年度末の住民基本台帳データをもとに、全国一七三八自治体（含東京二三区）の在留外国人比率を見てみると、中央値は約一・一％であり、まさに同時期の豊岡市のそれと一致している（人口七万七七六五人中九四八人）。もちろん、日本全体を見てみると、同年の外国人住民数は二九九万人強、割合にして総人口の約二・四％となっており、また大都市圏や中部地方などでは外国人住民が人口の一〇％以上を占める自治体（いわゆる集住地）も珍しくはない。だが、現時点では〇・五％以上二％未満の値を示す自治体が全体のおよそ三割を占めているのも事実であり、豊岡のような町のあり方は、現代日本における地域社会の一つの典型例になっているといってよい。

実際に近年、大都市圏や集住地の外国人住民に関してだけでなく、従来は見過ごされがちであった地方都市の外国人住民を対象とした研究や書籍も見られるようになってきている（伊藤・崔 二〇二二、「お隣は外国人」編集委員会 二〇二二、信濃毎日新聞社 二〇二二、徳田他 二〇二三など）。ただし、こうした先行研究は、多くの場合、複数の地域でなされた個別の事例研究を一つの視点のもとにまとめ、その共通性と多様性を示そうとしている。もちろん、それによって見えてくる事実の有する価値はいうまでもなく、また本書の執筆者たちも多くをそこから学んでいる。それに対してこの論集では、豊岡という一つのまとまりをもった地域の特性やなりたちに注目したうえで、そこでの外国人住民の暮らしや教育、労働、またそうした人々を支え、ともに暮らそうとしている地域住民の実践が、詳細かつ集中的な調査データをもとに描き出されている。そうすることで、「一％の隣人たち」の生き生きとした声と姿が、より立体的かつ重層的に立ち現れてくる。

こうした意味において、本書を読むということは、こんにちの日本のリアルを知るための必須の作業であると、まずはいえるだろう。さらに、現時点では確かに少数ではあるかもしれないこうした人々の存在が、少子高齢化が急速に進展しつつある日本において、今後より重要になっていくことは明らかである。豊岡市における多様な取り組みが、どのような未来につながりうるかを考えることは、明日の地域社会のリアルを予測するための重要な手がかりを与えてくれるはずだ。

また、「一％の隣人たち」とのよりよい共生社会のあり方を模索中の地域の方々はもちろん、もっと多くの外国人住民が暮らす都市部の読者にも本書は有益だと信じている。今後、より多様な文化的背景をもった人々が地域の重要な一員として参入してくることになるが、先例の少ない個別の事例に手探りで対応する必要性が多くの自治体や現場で生じるだろう。そうした状況に対する貴重な経験や知恵も、本書には豊富に含まれているからだ。

以上、これからの外国人住民との共生や地域社会の再構築に関心をもつ多くの方々に、そしてもちろん研究者や学生・院生にも、本書が広く読まれることを願っている。

3　豊岡市に住む外国人住民の概観

本書を執筆した調査研究メンバーが所属あるいは出身とする神戸大学文学部社会学研究室では、一九九〇年代から継続的に、但馬地域での村落構造や社会変容についての調査を実施してきた。とりわけ二〇〇五年からは、同地

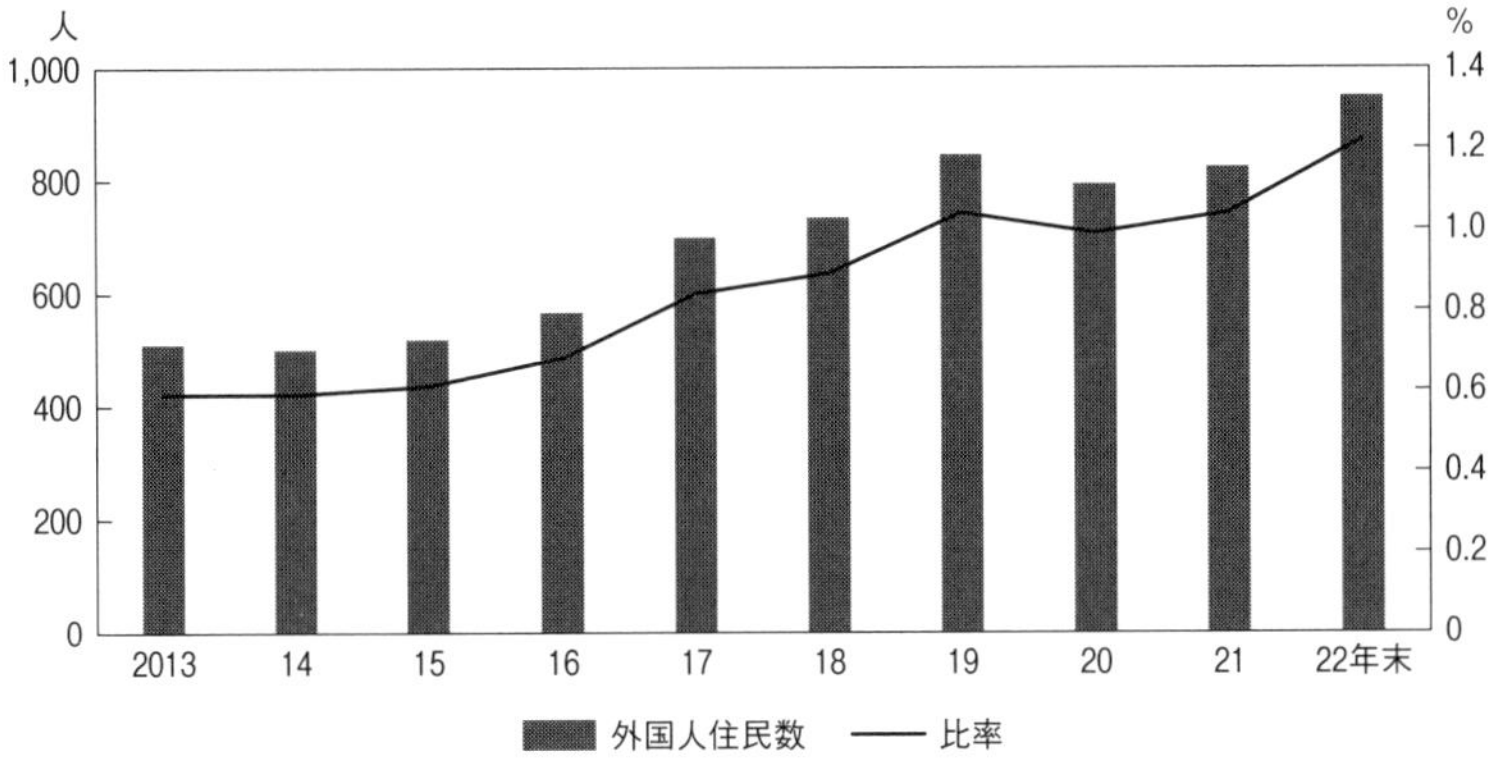

図1　外国人住民の人数および人口に占める割合の推移

データ出所：豊岡市住民基本台帳および外国人登録データ。以下同様。

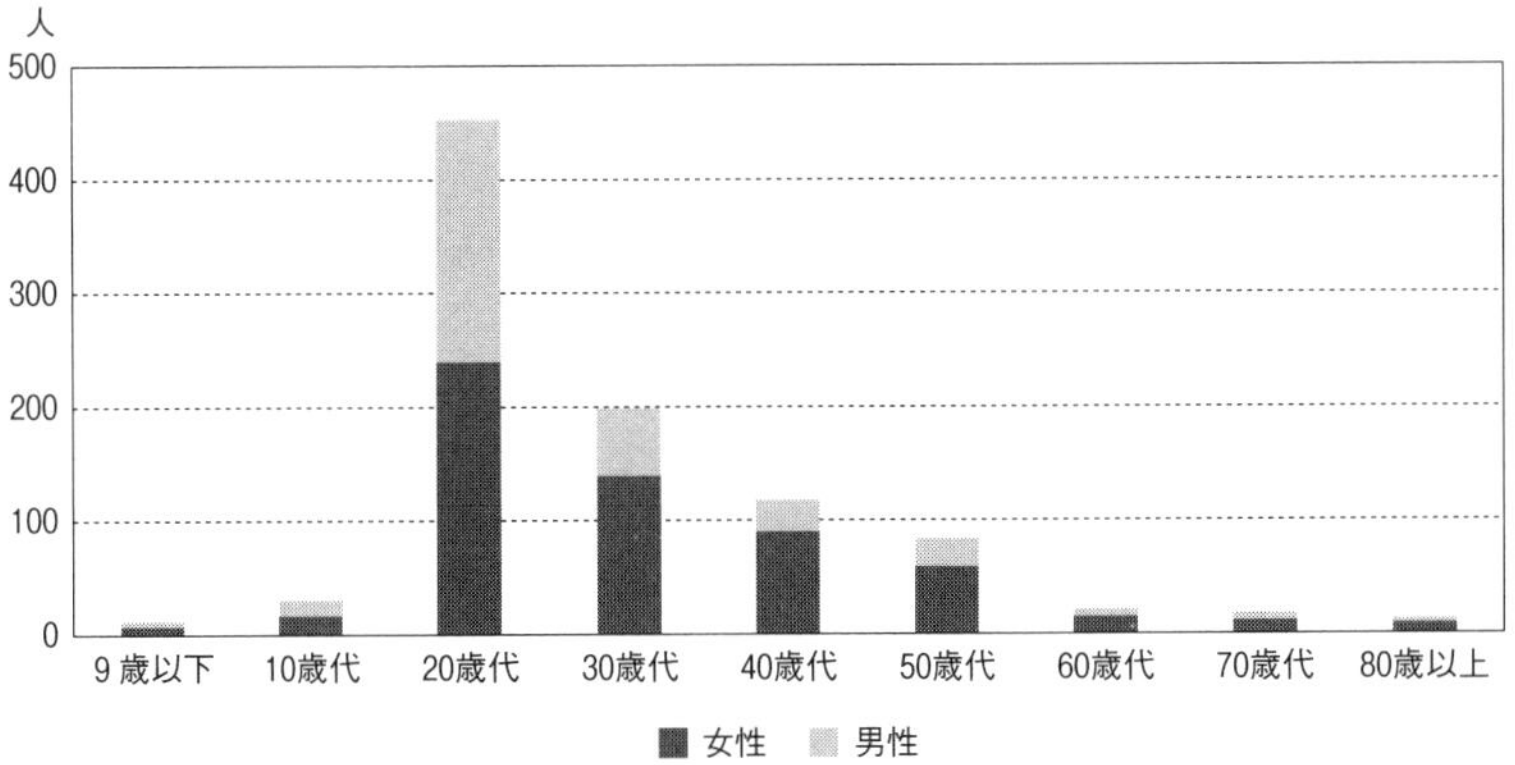

図2　男女別および年齢別にみた外国人住民数（2022年末）

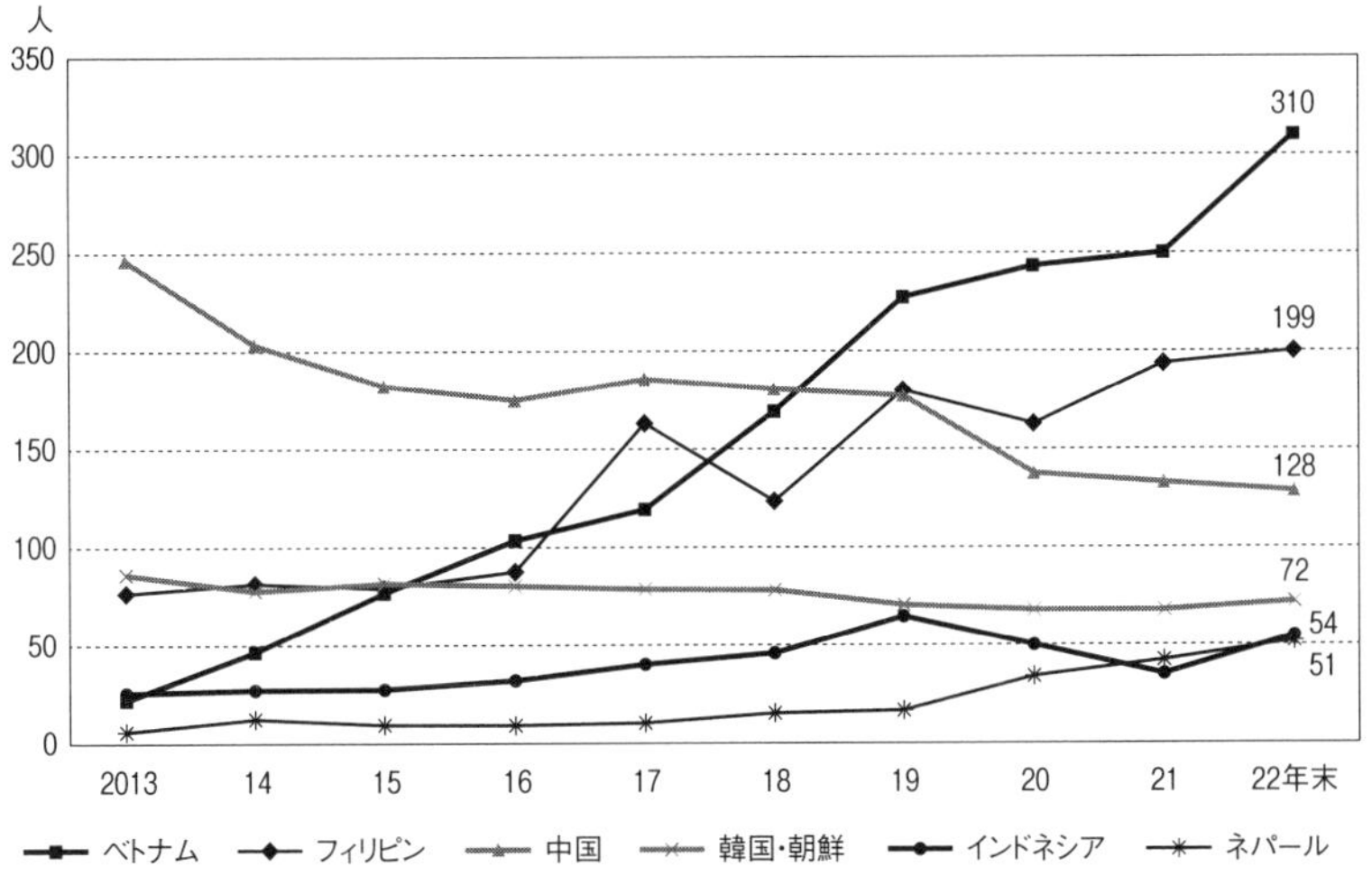

図3　国別にみた外国人住民数の上位6か国の推移

域における国際結婚の事例から、東アジア各地と結びつきながら成立する「地方的世界」のあり方について分析を進めてきた（藤井・平井 二〇一九）。こうした研究経験の蓄積を基盤に、本調査研究は立案されている。

まずは、豊岡市における外国人住民の状況について概観しておく（図1）。豊岡市における外国籍を有する住民は、新型コロナウィルス感染症による社会的混乱を受けて一時的に減少を示したものの、およそこの一〇年で人数・比率ともにほぼ倍増し、二〇二二年末では総計九四八人となっている（豊岡市住民基本台帳および外国人登録データより。以下の情報についても同様）。

また図2のように、外国人住民のおよそ半分が二〇代となっており、さらにその半分以上を女性が占めている。さらに国籍別に見ると、上位を占めているのは図3の六か国・地域である。このうち急激に増加しているベトナム人では「技能実習」が半数強を、フィリピン人では「永住者」「定住者」および「日本人の配偶者など」が大半を占めている。そのほかにも、多い順にいえば、タイ、アメリカ、台湾、ミャンマー、カナダなど、多様な国・地域出身の住民が豊岡で暮らしている。

より詳細な情報やその分析については以降の各章に譲るが、地域社会や産業を担う重要な一員として、特に若い外国人住民の存在感が増しつつあることが改めて確認できる。

また、より広く「外国にルーツのある子ども」（〇～一八歳）に目を向ければ、外国籍保持者が三七人、日本国籍保持者が一三二人（二〇二二年六月末時点）と、同世代人口の約一％を占めており、その人数・割合ともに増加傾向にある。一時的な労働力としてではなく、地域において長期にわたって子育てや教育に関わり、また未来へ向けた貴重な人材として成長・生活してゆく外国人住民の姿がここからも見えてくる。

4　豊岡市と神戸大学による共同調査

こうした豊岡市における外国人住民の多様な生活実態や経験を調査するため、二〇一九年度から二〇二一年度にかけて豊岡市と神戸大学との共同事業として「外国人住民に関する調査研究」を行った。本調査は、以下のような設計に従って実施された。

二〇一九年度は、まず全体的な概要を知るために、市内に在住する一八歳以上の外国人住民全員を対象として、生活と就労の実態についてアンケート調査を行った。さらに、市内に登録されている事業所を対象に、外国人住民の雇用の有無や今後の予定などについて調査を実施した。雇用のある事業所へはさらに追加で聞き取り、および書状による調査を行い、具体的な就労の現場における取り組みや課題に関する質的なデータも収集した。こうして得られた情報をもとに問題を整理するとともに、さらに豊岡で就労する外国人住民や支援団体・関係団体にもインタビューとアンケートを実施した（表1参照）。

表1　2019年度の調査概要

外国人住民調査		
質問紙調査	2019年6月送付	18歳以上外国人住民全員（除住所不明）702件。うち有効回答数272件（38.7%）
聞き取り調査	2019年5月～2020年2月	滞在資格短・中期（技能実習など）37人、長期（日本人の配偶者など）32人。関連団体（NPO、協同組合など）19件
外国人被雇用者調査		
質問紙調査	2019年9月送付	技能実習生67人（7事業所）
聞き取り調査	2019年8～12月	技能実習生15人（6事業所）
外国人雇用事業所調査		
質問紙調査	2019年5月送付	市内在籍全事業所1622件。うち有効回答数327件（19.9%）、外国人雇用有は40件。その後3件追加
聞き取り調査	2019年5月～2020年2月	外国人雇用事業所33件（うち質問紙調査にも回答したのは15件）

二〇二〇～二〇二一年度は、さらに「外国ルーツ」の子どもや若者に焦点を絞り、出産や育児、教育や進学について調査を進めた。まず、外国ルーツの児童生徒が在籍する公立小中学校や放課後児童クラブ、保育園などにおいて質問紙調査および担当者への聞き取りを実施し、対象となる子どもたちの状況や具体的な課題、支援の工夫などについて伺った。また、保健所など関連部局や支援団体の方からもお話をしていただき、学校の「外」での子どもたちの様子について知ることができた。さらに、外国にルーツをもちつつ豊岡で育った方々への聞き取りや、親たちへのグループインタビューも実施し、当事者からみた生活・教育・就労の現状や課題についても触れる、またとない機会を得た。また、外国人住民を雇用する事業所に追加で調査を実施した。

このように、豊岡市に生きる、なるべく多くの外国人住民を対象として、生活や教育、就労など多方面からのバランスのとれたデータの収集・分析を行った。また行政・教育関係者や支援団体、雇用主、さらに地域の方々などからもお話を伺い、実際の現場でどのような出会いやすれ違いが生じているのかについても知ることができるよう努めた。

5　本書について

煩雑な記述が続いて申し訳ないが、最後に本書の内容について簡単に紹介したい。

第Ⅰ部「働くこと、雇うこと――就労の現場から」では、豊岡の産業を支える外国人労働者の具体的な様相が、統計データや本人の語り、また受け入れ側の声を通じて描き出される。次に第Ⅱ部「暮らしとネットワーク――家族・友人・NPO・行政、過去と未来」では、多様な背景をもつ外国人住民たちが、どのような経緯や思いで豊岡にやってきたのか、また具体的にどのような人たちと、どのような日々を送っているのかが綴られる。さらに第Ⅲ部「子どもの育ち——住民の声、現場の声」では、妊娠・出産、そして子育て・教育を実際に経験した当事者および関係者の視点から、少子高齢化の進む地方において今後求められる課題やヒントが語られている。また、各部の終わりには、具体的な支援に関わる現場の方々に貴重な経験や率直な意見についてお話しいただいた「インタビュー」を掲載した。

以降、多様なテーマに即した情報をもとにした文章が続くが、どれでも興味のあるものから読み始めていただければと思う。また、それ以外の章ものぞいていただければ、一見ばらばらにも見える各章が、豊岡という地域のまとまりのなかで密接に結びついていることに気づかれるだろう。

最後に、本研究を実施するにあたってご協力いただいたすべての方々にここで感謝を申し上げるとともに、本書を手にとってくださった皆さんとも一緒に、これからの地域社会のありかたを構想し創造する作業に取り組んでいければ幸いである。

参考文献

伊藤泰郎・崔博憲編　二〇二一『日本で働く——外国人労働者の視点から』松籟社。
大崎麻子・秋山基　二〇二三『豊岡メソッド——人口減少を乗り越える本気の地域再生手法』日本経済新聞出版社。
「お隣は外国人」編集委員会　二〇二二『お隣は外国人——北海道で働く、暮らす』北海道新聞社。
信濃毎日新聞社　二〇二二『五色のメビウス——「外国人」とともにはたらきともにいきる』明石書店。
徳田剛・二階堂裕子・魁生由美子編　二〇二三『地方発　多文化共生のしくみづくり』晃洋書房。

中貝宗治　二〇二三『なぜ豊岡は世界に注目されるのか』集英社。
藤井勝・平井晶子編　二〇一九『外国人移住者と「地方的世界」——東アジアにみる国際結婚の構造と機能』昭和堂。

第I部 働くこと、雇うこと

——就労の現場から

第1章 「外国人を雇う」ということ
――事業所からみた隣人たち

梅村麦生

豊岡市で暮らす外国人住民は、就労や技能実習のために来日した人から、国際結婚を経て当地に来た人たちを含めて、全住民のなかで相対的に若く、その多くが何らかの仕事に従事している（豊岡市 二〇二〇：三二、大久保・梅村 二〇二三：八〇―八三）。もとより高齢化・人口減少がますます進行している日本の地域社会にあって、さまざまな産業で「人手不足」が差し迫った問題となり、その問題への対応のため外国人労働者の受け入れが進んでいる（二階堂 二〇一九a、上林他 二〇二一：四五）。豊岡市でも同様の事態が生じており、外国人従業員を雇用している事業所にとっては、彼・彼女らがすでに不可欠の存在となっているとも考えられる。

しかし都市部や工業地帯など、外国人住民が多く住む集住地域に比べると、全住民に占める外国人住民の割合が相対的に低い地域にあって、とりわけ外国人労働者がどのような職場で、どのように働いているのかについて、依然として見えにくい状況にある。

そこで本章では、豊岡市で暮らす外国人住民がどのような仕事につき、どのようなかたちで働いているのかについて、おもに二〇一九年度に実施した事業所調査の結果に基づき、外国人労働者を雇用する事業所の特徴を、産業別そして雇用形態別に、見ていくこととする。[*1]

1　さまざまな産業

豊岡市と神戸大学による共同事業「外国人住民に関する調査研究の二〇一九年度調査」では、豊岡市内に拠点をもつ事業所に向けて、外国人従業員の雇用の有無に関する質問紙調査を実施した。さらに、外国人住民に向けて実施した質問紙調査でも、雇用先の有無について尋ねた。それらの質問紙調査の回答と、その回答をふまえて事業所、外国人住民、関係機関に対して実施した聞き取り調査の結果として、二〇一九年度調査の時点で外国人従業員を雇用する事業所として把握できたのは、八八件であった。全数把握はできていないが、厚生労働省兵庫労働局（二〇二〇）が公開している、二〇一九年一〇月末時点の但馬地方の「『外国人雇用状況』の届出状況」の結果などと照らし合わせると、同調査では調査時点での豊岡市の外国人雇用事業所のうち、おおむね八割程度を把握できたと考えられる（豊岡市 二〇二〇：三九）。その八八件を産業別に分けたものが図1-1である。

同調査で把握した豊岡市の外国人雇用事業所のうち、産業別でもっとも多かったのは製造業であった（三二件、三六％）。外国人従業員数も製造業がもっとも多く、推計で約三三〇人が雇用されていた。「豊岡市経済・産業白書二〇二一年度版」（豊岡市 二〇二二）で公開されている二〇一九年時点での豊岡市の製造業事業所数（一九一件）と製造業従事者数（六一二七人）にあてはめると、同調査で把握した外国人雇用事業所と外国人従業員はそれぞれ六

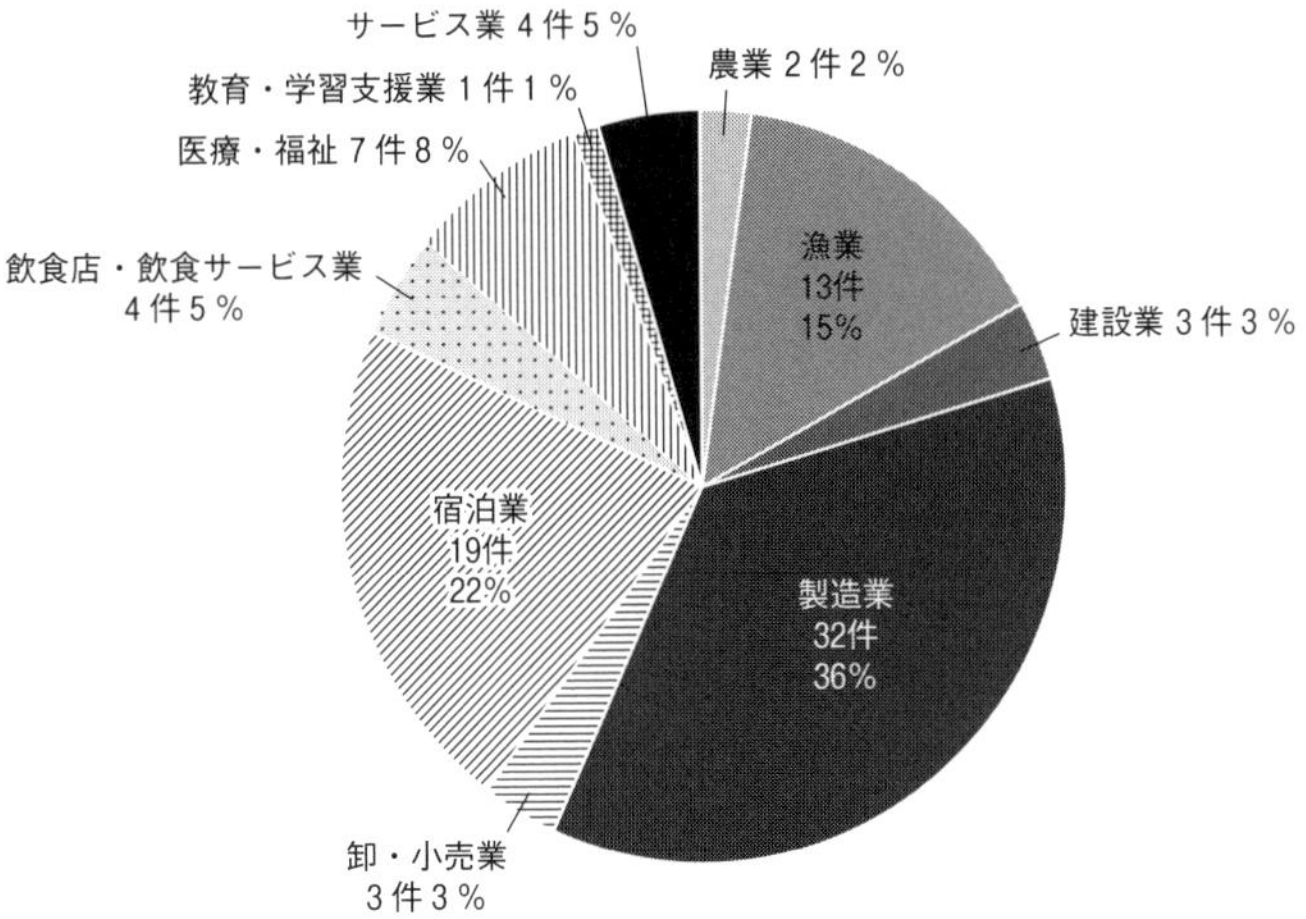

図1-1　豊岡市の外国人雇用事業所数を業種別にみた件数と割合

出所：豊岡市・神戸大学2019年度調査。

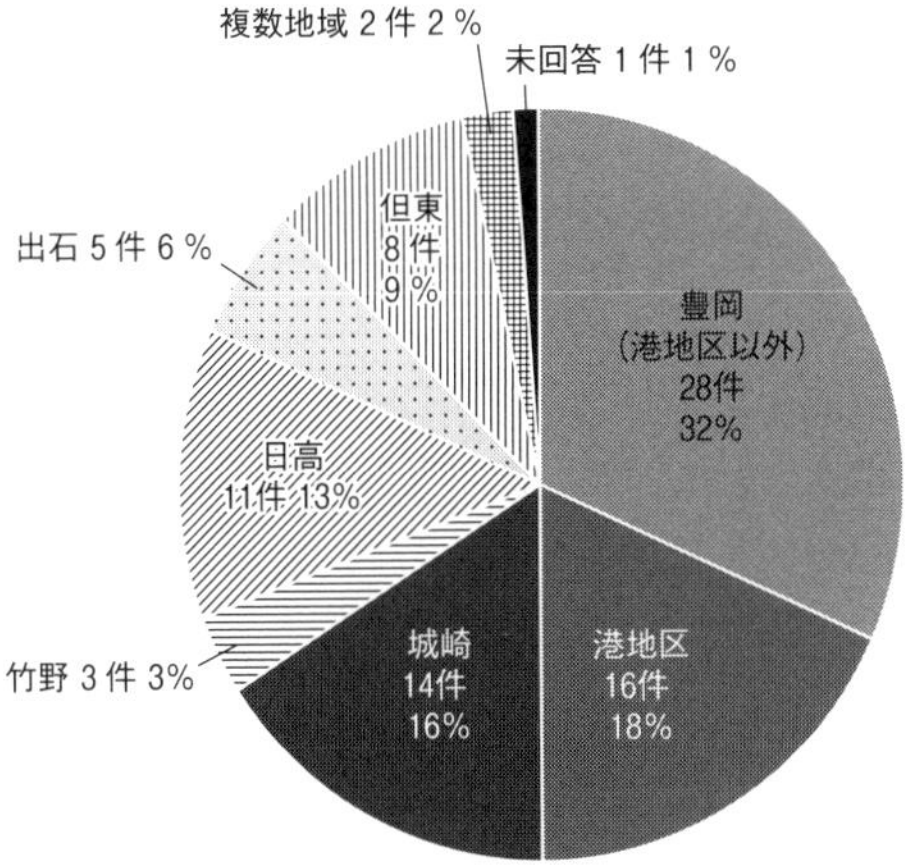

図1-2　豊岡市の外国人雇用事業所数を所在地域別にみた件数と割合

出所：豊岡市・神戸大学2019年度調査。

分の一強と五％強を占めている（大久保・梅村 二〇二三：八三）。

製造業に続いて外国人を雇用する事業所が多かったのが、宿泊業（一九件、一三％）と漁業（一三件、一五％）である。いずれも製造業より事業所の規模がおおむね小さく、雇用人数も少ないが、宿泊業はその多くが城崎地域に位置し、漁業はすべて港地区にあるなど、地域的な特色がある。

それ以外にも、医療・福祉は介護施設を中心に豊岡市六地域（二〇〇五年の合併以前の旧一市五町の範囲に相当する、豊岡地域、城崎地域、竹野地域、日高地域、出石地域、但東地域）すべてに外国人雇用事業所があった。そして建設業、飲食店・飲食サービス業、卸・小売業は、豊岡市内のそれぞれの事業所数と従業者数から考えると他の産業よりもその割合が低いものの、複数の事業所で外国人従業員が雇用されていた。

所在地域別の外国人雇用事業所数を見ると（図1-2）、もっとも多いのが豊岡地域であり、港地区を除き二八件、港地区は一六件の事業所が位置している。それに城崎地域一四件、日高地域一一件、但東地域八件、出石地域五件、竹野地域三件と続き、各地に点在していることがうかがえる。

ここからは産業別に、二〇一九年度の質問紙調査と聞き取り調査の内容から、外国人従業員の雇用状況を見ていくこととする。

農業、漁業、建設業

第一次産業の農業と漁業、第二次産業の建設業では、一〇人未満から三〇人未満までの小規模の事業所で、外国人従業員がすべて技能実習生として雇用されていた。正社員や契約社員などで雇用されている事例は見出されなかった（表1-1）。

表1-1 産業別にみた外国人雇用事業所（１）

産業	外国人従業員雇用事業所数	従業員規模（最少〜最大）	外国人従業員雇用形態
農業	2	10人未満〜30人未満	技能実習
漁業	13	５人未満〜20人未満	技能実習
建設業	3	10人未満＊	技能実習

出所：豊岡市・神戸大学2019年度調査。
注：＊他に従業員数未回答・未把握の事業所有。

まず農業では、兵庫県南部に親会社があり、その親会社がタイ、フィリピンに酪農場を保有している酪農業Ａ社（従業員五〜九人規模）がタイ人女性技能実習生三人を雇用しており、岡山県に本社があるきのこ類栽培業Ｂ社（従業員二〇〜二九人規模）がベトナム人女性技能実習生一三人を受け入れていた。それぞれ、前者は二〇一三年、後者は二〇〇八年に技能実習生（旧制度下の研修期間を含む）の受け入れを始めている。

また建設業では、内装業Ｃ社が二〇一九年からベトナム人男性技能実習生二人を受け入れており、ほかにも一件がベトナム人男性技能実習生、もう一件が中国人男性技能実習生を受け入れていた。ただし、この農業と建設業に関しては、豊岡市ではどちらも事業所数に比して外国人を雇用する事業所が少ない産業であった。

その一方で漁業では、港地区の同じ漁業協同組合支所に属する底びき網漁業の事業所一四件（沖合底びき網漁船一四隻）のうち、一三件（同上一三隻）で計三五人のインドネシア人男性技能実習生を受け入れている。それらの漁船は例年一一月初頭に漁が解禁される地域ブランド化されたズワイガニ（松葉ガニ）や、カレイ類、ハタハタ、ホタルイカなどの底びき網漁に九月〜五月の操業期間のあいだ従事しており、一隻（四〇トンと八〇トン以上の規模がおよそ半々、それぞれ六〜一一人程度が乗船）あたり二〜三人の技能実習生が乗船している。

底びき網漁業は、豊岡市内で比較的早期に技能実習（旧制度下の研修を含む）を導入した業種のうちに含まれ、二〇〇七年に一件がインドネシア人男性二人を受け入れたことに始まっている。

以上の通り、農業、漁業、建設業のいずれの業種でも、漁業を除くと外国人従業員の雇用は他の産業に比べて少ないが、それでも従業員一〇人未満の事業所を中心に、技能実習生の受け入れを行っている小規模の事業所では、彼・彼女らがいないと従来通りには操業できないほど、その存在が大きくなっている。

食料品製造業、製造業

つぎに、食料品製造業と、それ以外の製造業の事業所における外国人従業員の雇用状況は以下の通りであった（表1-2）。

製造業で外国人従業員を雇用する事業所のうち、食料品製造業が五件、そのうち三件が畜産食料品製造業、二件が水産食料品製造業の事業所であった。畜産食料品製造業の事業所では、まず、D社（従業員一〇〜一九人規模）で家族滞在のネパール人女性が四人、E社（従業員五〇〜九九人規模）でいずれも日本人配偶者をもつフィリピン出身の国際結婚女性とインドネシア出身の国際結婚男性が計八人、パートとして雇用されていた。そしてもう一件のF社（従業員一〇〇〜一九九人規模）では、二四人の技能実習生（インドネシア人男性・女性、ベトナム人女性、中国人男性・女性）が雇用されていた。こ

表1-2　産業別にみた外国人雇用事業所（2）

産業	外国人従業員 雇用事業所数	従業員規模 （最少〜最大）	外国人従業員 雇用形態
食料品製造業	5	20人未満〜200人未満	パート、技能実習
製造業 （食料品を除く）	26	20人未満〜400人未満	正社員・契約社員、派遣社員・ 請負社員、パート、技能実習

出所：豊岡市・神戸大学2019年度調査。

のF社では、技能実習生を二〇〇五年から受け入れている。また水産食料品製造業では、G社（従業員二〇～二九人規模）が二〇〇二年から、H社（従業員三〇～四九人規模）が二〇一八年から技能実習（旧制度下の研修を含む）を導入しており、調査時点で九人と三人のベトナム人女性を受け入れていた。

食料品製造業を除く、他の製造業の二六事業所では、うち一三件の事業所で技能実習生、六件で正社員、五件でパート、二件で契約社員、一件で請負社員、二件で派遣社員（ただし、派遣社員は派遣元の雇用によるため、受入数は調査結果より多い可能性がある）として、外国人従業員が働いていた。業種別に見ると、繊維工業三件（I社・J社：従業員二〇～二九人規模、K社：従業員三〇～四九人規模）とプラスチック製品製造業三件（L社・M社：従業員五〇～五九人規模、N社：従業員二〇〇～二九九人規模）はいずれも技能実習生を受け入れており、早い事業所では二〇〇一年から受け入れている。ほかにも輸送用機械器具製造業二件（O社：従業員五〇～九九人規模、P社：従業員一〇〇～一九九人規模）と、印刷業Q社（従業員三〇〇～三九九人規模）、鞄製造業R社（従業員三〇～四九人規模）、建設用・建築用金属製品製造業S社（従業員三〇～四九人規模）、非鉄金属製造業N社（従業員一〇～一九人規模）、電子部品・デバイス・電子回路製造業T社（従業員二〇〇～二九九人規模）の各事業所で、技能実習生の雇用が見られた。上述一三件の製造業事業所は、従業員数の大小を見ても分かるように、最少で三人、最多で四一人の技能実習生を雇用しており、他の産業に比してさまざまな規模の事業所で技能実習生が受け入れられていた。技能実習生の国籍別で見ると、ベトナム人女性（五事業所）・男性（四事業所）、中国人女性（三事業所）・男性（二事業所）、タイ人男性（二事業所）、インドネシア人女性（一事業所）であった。製造業では、一つの事業所で複数国から技能実習生を受け入れている例もあったものの、その場合も含めて同性のみの受け入れに限られており、一か国一性別のみを受け入れている事業所が中心であった（梅村 二〇二一：六五―六八）。

また繊維工業K社、鞄製造業三件（U社：従業員一〇〜一九人規模、R社、V社：従業員二〇〇〜二九九人規模）、段ボール箱製造業W社（従業員一〇〜一九人規模）、プラスチック製品製造業N社、電気機械器具製造業X社（従業員一〇〜二九人規模）、輸送用機械器具製造業Y社（従業員五〇〜九九人規模）は、外国人従業員を正社員またはパートとして雇用しており、いずれの正社員またはパートも日本人配偶者をもつベトナム、フィリピン、中国出身の国際結婚女性とイタリア出身の国際結婚男性であった。[*2] 鞄製造業V社は、同事業所の現地工場で通訳を務めていたベトナム人女性を契約社員として、電子部品・デバイス・電子回路製造業T社では、技能実習の導入に併せて元留学生や日本での勤務経験を有するベトナム人男性を契約社員として雇用していた。そして電気機械器具製造業Z社（従業員一〇〇〜一九九人規模）は、おもに定住者ビザをもつ日系フィリピン人男性・女性を請負社員として五二人雇用している。ほかには、輸送用機械器具製造業Y社が親会社と取引のある派遣会社を経由して、技術・人文知識・国際業務と家族滞在の資格をもつベトナム人男性・女性を派遣社員として計四人雇用している。

なお製造業の事業所は、地域外の事業所と結びつきがあることも多く、たとえばプラスチック製品製造業三件（L社、M社、N社）はいずれも近畿地方他府県に本社をもち、タイ、インドネシア、中国、ベトナムに合弁企業等の現地工場をもっている。また繊維工業三件（I社、J社、K社）、電子部品・デバイス・電子回路製造業T社、電気機械器具製造業X社、輸送用機械器具製造業Y社も、それぞれ近畿地方他府県と東京都に本社がある大手メーカーの関連企業・協力企業である。

卸・小売業、宿泊業、飲食店・飲食サービス業

続いて、卸・小売業、宿泊業、飲食店・飲食サービス業における外国人従業員の雇用状況である（表1-3）。

表1-3 産業別にみた外国人雇用事業所(3)

産業	外国人従業員雇用事業所数	従業員規模(最少~最大)	外国人従業員雇用形態
卸・小売業	3	30人未満~50人未満*	正社員・契約社員、パート
宿泊業	19	20人未満~400人未満*	正社員・契約社員、派遣社員、パート、インターンシップ
飲食店・飲食サービス業	4	5人未満*	経営者、正社員、パート

出所:豊岡市・神戸大学2019年度調査。
注:*他に従業員数未回答・未把握の事業所有。

卸・小売業では、鞄流通業二件(AA社:従業員二〇~二九人規模、AB社:従業員三〇~四九人規模)と衣類販売業一件の事業所で、中国人男性・女性、バングラデシュ人男性が、正社員・契約社員・パートとして雇用されていた。飲食店・飲食サービス業では、中国人夫妻やフィリピン人女性が経営する事業所が二件あり、ほかにも二件でおもにフィリピン出身の国際結婚女性らが雇用されていた。それ以外にも、外国人住民がオーナを務めたり、外国人従業員を雇用しているエスニック料理店も複数あった。ただし、留学生や元留学生が集まりやすい都市部と比べると、卸・小売業と飲食店・飲食サービス業で働く外国人従業員は少ない。

その一方で、近畿地方有数の温泉街を抱える城崎地域を中心に、宿泊業は外国人従業員を雇用する事業所数が豊岡市で二番目に多い産業である。所在地域別では、城崎地域がもっとも多く(一一件)、豊岡地域がそれに続き(四件、うち一件は港地区)、竹野地域、日高地域、但東地域にも各一件ずつ、外国人従業員を雇用する宿泊業の事業所があった(ほかに、複数地域が一件)。

とくに城崎地域とその周辺にあたる港地区、竹野地域では、さまざまな形態で外国人従業員が雇用されている。まずAC社(従業員三〇〇~三九九人規模)では、中国人女性二人とアメリカ人男性一人が通訳等の専門職の正社員として雇用されるとともに、ミャンマー人女性一人が海外大学からのインターンシップ（一年間）として、また調理部門ではベトナム人女性一四人が総菜業の技能実習（一年間）で受け入れられていた（宿泊業は、本調査後の二〇二〇年一月二五日に技能実習二号移行可能職種に追加されている）。ＡＤ社（従業員五〇～九九人規模）では、ネパール人女性二人を正社員、その配偶者らのネパール人男性三人をパートとして雇用し、さらに中国人女性四人の派遣社員（二人が三年間、二人が三か月の予定）と、インドネシア人男性二人・女性二人のインターンシップ（一年間）を受け入れていた。またＡＢ社（従業員一〇〇～一九九人規模）は、ベトナム人女性二人の派遣社員と、中国人男性一人・女性二人のインターンシップ（一年間）を受け入れている。以上三社のうち、より規模の大きいＡＣ社では接客業務をまだ外国人従業員に任せていないとのことであったが、より規模が小さく従業員に占める非正規雇用の割合も高い（それぞれ、六分の五、四分の三を占めている）ＡＤ社とＡＢ社では、外国人従業員も接客業務に従事しており、彼・彼女らのおかげで「接客スタッフの年齢層が若返った」との話も聞かれた。規模の小さな旅館で、より重宝されていることがうかがえた。同じくＡＤ社やＡＥ社に見られるように、宿泊業では他の産業に比べて日本人従業員のみならず、外国人従業員も派遣社員のかたちで雇用されている割合が高く、季節によって繁閑期の差が大きい業界の特徴が反映されている。そして製造業やそれ以外の産業での技能実習生の受入事例と比べると、とくに城崎地域の宿泊業では、複数国・複数性別の外国人を雇用している事例が多く見られた。もともと同地域では宿泊業で働く短期雇用者・単身者向けの宿舎が整備されており、旅館の空き部屋を活用できることなども、その一因となっていると考えられる。

なお、ＡＤ社を含めて、城崎地域での宿泊業のインターンシップ生の多くは、二〇一二年に地元の観光・商工関連団体が合同で出資して立ち上げた民間のまちづくり会社「湯のまち城崎」によって、二〇一六年から受け入れられている。インターンシップ生は同社と提携する海外の大学に在籍しており、おもに日本語や観光を学び、特定活動の資格により各旅館でインターンシップに従事している。その後、台湾やインドネシア出身の元インターンシップ生が、帰国して母国の大学を卒業し、技術・人文知識・国際業務の資格で再来日しインターン時に配属されていた旅館に正社員または契約社員として雇用される事例も出てきている。また同社は特定技能の登録支援機関ともなっており、二〇二一年から受け入れを始めている（→インタビュー1）。

他方、観光業が盛んな城崎地域とその周辺の港地区、竹野地域以外では、おもにフィリピン等出身の国際結婚女性を中心に、外国人従業員が正社員やパートとして宿泊業の事業所で働いていた。

医療・福祉、サービス業、その他

医療・福祉分野でも、総数はまだ多くないものの、老人福祉・介護事業の現場を中心に、各地域の事業所で外国人従業員が働いている。とくに特別養護老人ホーム等の高齢者福祉施設を運営する社会福祉法人の事業所としては、城崎、竹野、日高、出石、但東の各地域でそれぞれ一件の事業所が外国人従業員を雇用していた（表1-4）。

たとえばＡＦ社（従業員三〇～四九人規模）は、ＥＰＡ介護福祉士候補者を二〇一六年から採用し、調査時点でフィリピン人女性二人をその枠で雇用し

表1-4　産業別にみた外国人雇用事業所（4）

産業	外国人従業員 雇用事業所数	従業員規模 （最少～最大）	外国人従業員 雇用形態
医療・福祉	7	30人未満～200人未満	正社員・契約社員、EPA 介護福祉士候補者、パート、技能実習、インターンシップ
教育・ 学習支援業	1	5人未満	契約社員
サービス業	4	300人未満*	正社員、派遣社員、パート、技能実習

出所：豊岡市・神戸大学2019年度調査。
注：*他に従業員数未回答・未把握の事業所有。

ている。またＡＧ社（従業員五〇〜九九人規模）は、いずれも日本人夫のいる中国人女性一人とフィリピン人女性二人を正社員または契約社員として雇用しており、さらに二〇一八年よりフィリピンの大学から三か月間のインターンシップ生を一七人程度、年に二回受け入れている。上述のフィリピン人女性社員のうち一人は、インターンシップ生の受け入れに伴う対応のため、近隣の他事業所から呼び寄せている。そしてＡＨ社（従業員一〇〇〜一九九人規模）とＡＩ社（従業員二〇〜二九人規模）は、二〇一七年一一月に介護職種が技能実習制度の対象職種に追加されたことを受けて、二〇一九年からそれぞれベトナム人女性五人、中国人男性二人を技能実習生として受け入れている。

以上の業種、産業以外にも、障害福祉ＮＰＯ法人でのパート、旅館等の清掃業務を請け負う事業所での正社員、スポーツ教室でコーチを務める契約社員など、さまざまな雇用形態、資格で働く外国人住民がいる。また学校や自治体等で働く外国人住民として、一般財団法人自治体国際化協会（ＣＬＡＩＲ）の「語学指導等を行う外国青年招致事業」（ＪＥＴプログラム）と、市外の派遣会社の紹介を受けて、英語圏をはじめとするさまざまな国からの外国語指導助手（ＡＬＴ）が豊岡市教育委員会によって全小中学校（兼務を含む）に配置されている。なお同じくＪＥＴプログラムによる雇用として、豊岡市では観光振興に力を入れていることもあり、ヨーロッパやアメリカ出身の国際交流員（ＣＩＲ）が市役所の観光部門や観光業の外郭団体で受け入れられている。

2　さまざまな雇用形態

これまで見てきたように、豊岡市でもすでにさまざまな産業の事業所で、かつさまざまな雇用形態で外国人従業員が雇用されていることが分かった。一部の製造業や漁業の事業所などで、二〇〇〇年代初頭から雇用を始めている事業所もあったが、それに比べると二〇一〇年代後半という、より近年になってから外国人従業員を雇い始めた事業所が多い（豊岡市 二〇二〇：四九）。

二〇一〇年代後半になって外国人従業員を雇用する事業所が増えていった点に関して、二〇一九年度に実施した質問紙調査では、外国人従業員を雇用している四〇件の事業所のうち八五％（三四件）の事業所が、「人手が足りないから」を「外国人従業員の雇用理由」として回答していた。もちろん、人手不足だけを理由に外国人従業員が雇用されているというのではなく、「外国人としての能力が必要だから」という理由をあげる事業所も八％（三件）あった（豊岡市 二〇二〇：五三）。

いずれにしても、産業や業種ごと、あるいは地域ごとに異なる事情はあれど、人手不足が広がり、それに応じて外国人従業員の雇用が増えていった、という状況は多かれ少なかれ共通している。そこで以下では、おもに各事業所による外国人従業員の雇用に至る経緯を中心に、雇用形態ごとの特徴を見ていくこととする。

技能実習（一）――受け入れの経緯

豊岡市の各事業所で働く外国人のうち、もっとも多い雇用形態は技能実習である。すでに上林（二〇一九）らによって、技能実習生への依存度は都市部よりも、少子高齢化と若年層の転出によって人口減少がいっそう進む地方部で高くなっていることが指摘されており、同じことは豊岡市にもあてはまる。二〇一九年一一月末時点のデータでは、豊岡市に暮らす外国人住民（八三一人）の在留資格について、「技能実習」がもっとも多い四三％（三五五人）を占めている。

調査先でもっとも早く研修・技能実習を導入していた事業所として、二〇〇一年に当時の研修生として中国人女性の雇用を始めた繊維工業I社は、「募集をかけても日本人が来ず、従業員が高齢化している」ことをきっかけに、同業組合の勧めや、同じメーカーの協力企業での先行例などをふまえて、「いよいよ人手不足」となったタイミングで導入している。その後、中国国内でリクルート地を何度か変更しつつ、やがて中国国内でも人手不足が始まり、「技能実習に来る人の質が悪くなった」ため、二〇一三年からはベトナム人女性を技能実習生として受け入れている。

同様にプラスチック製品製造業M社は、二〇〇一年に「中国市場に参入するねらいと逆輸入によるコスト減のため」に中国浙江省に工場を設立し、その二年後の二〇〇三年から「こちらで働いてから現地工場で働いてもらうためにも」と、研修生として中国人女性の受け入れを始めている。同社は調査時点でもひきつづき中国から技能実習生を受け入れている。ただし、実習修了後は中国国内の地元へ帰ることを希望し、浙江省の現地工場に勤めにきてくれる修了者は近年いないと言う。

また漁業では、人手不足が始まり「日本人を雇っても一～二か月ですぐ辞めることが一～二年続いた」のち、近隣自治体の漁業協同組合での導入事例を参考に、二〇〇七年に一件で初めて二人のインドネシア人漁業研修生を受け入れた。当初は受入機関が豊岡市であり、最初の二人の評判が非常によかったことから、二年目にさらに二件受け入れ、それ以降は他の漁船でも受け入れることになった。四年目からは制度変更により当地区の漁業協同組合が受入機関となっている。現在も同漁協所属の沖合底びき網漁業の各船でインドネシア人男性の技能実習生の受け入れを継続しており、技能実習三号や、さらには後述のように特定技能への移行も見られるようになっている。

水産食料品製造業G社では、かつて同じ港地区で働く漁師の妻をおもに雇用していたが、「漁師の減少でその主力の奥さんたちが減っていき、人手不足に陥った」ため、隣接する鳥取県の同業他社による先行事例を参照し、二〇〇二年から研修・技能実習を導入している。その後、G社代表は共同で技能実習生の監理団体を立ち上げ、理事を務めている。なお同監理団体は、豊岡市内の複数の他産業の事業所が利用している。またG社が研修生・技能実習生として採用していたのは当初が中国人女性で、二〇一八年からベトナム人女性に変わっている。

畜産食料品製造業F社では、「とくに日本人は見た目のきれいさにこだわるため」「その分、人手、人の目がより多く必要になる」が「業界的に人手不足」であるため、二〇〇五年から技能実習生を受け入れている。二〇一五年に親会社から独立し、コスト削減と機械化により、生産量や業績は拡大している一方で、五年弱で総従業員数は四分の三に減少しているが、そのあいだにも技能実習生の受入人数は二〇～三〇人弱で維持されている。担当者によると、「技能実習生は頑張ってくれているが、三年間だけで帰国してしまい、技術の定着がないので、本音でいえば日本人でいきたいと思っている」が、「求職者から選ばれるなかでは最後の方にあたる職種であるため、外国人に頼らざるをえない」。

さらに、比較的近年になってから技能実習を導入した事業所の例として、非鉄金属製造業N社は「新たに日本人を採用しようと思っても地域に若者は少なく、ハローワークに求人を出しても音沙汰がない。来たとしても、３Kの職場ですぐ辞めてしまう。そのため外国人技能実習生を採用しようという話」になり、取引先の導入例をふまえて二〇一七年にベトナム人男性三人の受け入れから始めた。また電子部品・デバイス・電子回路製造業T社は、「新卒はまだ採れるが、忙しい時期だけ臨時雇用しようと思っても一昨年、昨年あたりからできなくなった」ため、二〇一八年に初めてベトナム人男性一八人を技能実習生として受け入れている。「大規模製造業でも派遣労働力の代替として技能実習生の雇用が拡大している」（上林 二〇一七：一一〇）事実が、豊岡市でも確認されている。

老人福祉・介護事業ＡＨ社では、「旧豊岡市内」とは異なる、そして冬場には雪が積もり通勤が難しくなる「地の利の差」もあってか、新聞広告、ハローワーク、求人サイトなどで募集しても正社員もパートもほとんど来ず、職員からの紹介などを介した中途採用がたまにあるぐらいだったところ、同社の理事長が会長を務める異業種の事業所での導入事例をふまえて準備を進め、二〇一九年からベトナム人女性五人を技能実習生として受け入れている。同社の受入担当者によれば、技能実習生の受け入れについて「事前には諸手で賛成であったわけではなく、技能実習生に経費をかけるのであれば、日本人の給料をもっと手厚くして、日本人従業員を増やしてほしいという意見もあった。しかし、そもそも日本人の応募がないので、少なくとも日本人と外国人の採用を同時進行で進めないといけない、という話をした。そしていざ実際に受け入れが始まると、日本人従業員の反応はとてもよく、技能実習生たちに早く一人前になってほしいと思うようになっている」。

同じく老人福祉・介護事業ＡＩ社では、もともと事業所として「外国人人材の導入にはむしろ消極的であったが、施設の人員不足が明確」になり、介護施設における人手不足はやがて施設設置基準を満たせない水準にまで至ると、事業の縮小にとどまらず営業停止にまでつながる「非常に怖い問題」であることから、別自治体にある本部の主導で二〇一九年から中国人男性二人を技能実習生として同事業所が受け入れることになった。ただし、同社の担当者によれば、導入初期の段階で「技能実習生についての一番の問題は、日本語が十分できないということ」であり、「介護の技術そのものの習得度はかなり高い」ものの、「他の職種に比べて非常に重要」である「会話・コミュニケーション力」が課題となっている。なおかつ、来日当初一か月間の研修時に集中的に日本語を学んだきりで、施設に配属後は日本語学習をしておらず、勤務時間外に自発的に学ぶことも望みにくく、「具体的にどうすればよいか分からない」と言う。また職員の採用に関わる問題として、複数施設間で「一部利用者の取り合いが生まれ」ているように、「但馬地域では高齢者の減少傾向も進み、そのなかで施設の過剰も生じつつある」。

さらに宿泊業ＡＣ社では、「日本の『おもてなし』を提供」する「接客の部分は、日本人が担当すべき」とする一方で、「日本人だけで手が足りないところ」を「技能実習生」に担当してほしいとの考えのもと、まず調理部門で二〇一六年から総菜業の技能実習生を受け入れている。同社の担当者によれば、今後の人手不足を見込んで、調理部門に加えて清掃部門でも受け入れの希望があるとのことであった。

これまで見てきたように、いち早く人手不足が深刻化した繊維工業、漁業、食料品製造業や、現地工場などのつながりがあった製造業に始まり、近年になって臨時雇用ができなくなった各業種の事業所や、さらに老人福祉・介護事業や宿泊業に至るまで、さまざまな産業で技能実習生の受け入れが浸透している。外国人技能実習生はこの地域で、地元水揚げの水産物や地場産の農産物や畜産物、そして「日本製」の衣類や機械部品の生産、さらには「日本の『おもてなし』」の提供を下支えする存在にもなっていることがうかがえる。

技能実習（二）――技能実習生と現制度への評価

そうした状況は、受入後の評価にも現れている。事業所調査票で回答のあった技能実習生受入事業所二二件のうちでは、「外国人従業員の雇用に満足しているか」との問いに対して、「満足している」との回答が九件、「ほぼ満足している」との回答が一二件であり、「あまり満足していない」との回答は一件のみであった。それ以外の事業所で聞き取り調査を実施した技能実習生受入事業所九件に関しても、すべて肯定的な回答であった。具体的な内容としては、「よく働いてくれる」「人手不足を補っている」「休まない、辞めないということで、あてにできる」「技能実習生たちがいなかったら大変で、稼働率が下がってしまう。その分日本人を雇おうと思っても、コスト高になる」「導入前に心配していたよりも、すごく上手くいっている」「職場全体が明るくなった」「近隣の住民にも好かれている」との回答があった（豊岡市 二〇二〇：五三―五四、梅村 二〇二一：七一）。さらに技能実習生を受け入れたことで、言わなくても分かる・言われなくても動くといったやり方から、より具体的に言葉や文字で指示を伝えるなど、仕事上のコミュニケーションが改善されたり、「古い職人気質」の年長の従業員らが日本人の若手や新人に対してもこれまでのような厳しい態度や言葉で接することが減り、対応がよくなるなど、人手不足の解消以上の職場へのよい影響もたびたび聞かれた。

もちろん、技能実習という制度そのものに関しては、「いろいろな会社があり、いろいろな問題があると思う」が、「実際に接している者からすると、報道とは違うところがある。自社はまじめに法律に則って実施している」。「もし受入事業所で変な会社があると、今はＳＮＳですぐに拡がる。同国人に『この会社はダメだ』と言われると、実際に来てもらえなくなる」。「コストはけっこうかかる」ので、「一年ならはっきりいって日本人の方が安い」「安く使いたいわけではない」。このような回答があった一方で、現実には技能実習生が現場で「労働者」として貢献しているにもかかわらず、かつての「研修」や今の「技能実習」といった「建前」が必要になっていることへ、率直に言及する事業所も複数あった。そして「実習生制度は今後も利用するつもりだが、このままでは安定的な人材確保と外国人の定住・永住はなされない」、この地域・この職種にこれからも技能実習生が来てくれるのか「一般的には将来的な不安がある」、「韓国や台湾の方が外国人労働者の福利厚生や受入制度がしっかりしているように思われるので、今のままの日本の状態は非常に危ない」といった懸念も聞かれた。事業所側の具体的な懸念としては、監理団体や送出機関に毎月支払う監理費用などのコストや住居確保の問題、職場環境や希望収入に起因する技能実習生の帰国・失踪のリスクなどがあげられており、さらに日本語教育や社外交流・地域交流への支援も求められている（豊岡 二〇二〇：八一―九一、二〇二一b：一二八―一二九、梅村 二〇二二：七一―七四）。

特定技能への移行

そうしたなかで、二〇一九年四月に開始した「特定技能」資格での外国人従業員の受け入れについて、一年後の二〇二〇年三月末時点で豊岡市では依然として始まっていなかったが、その前後に始まった新型コロナウイルス感染症の流行をはさみ、二〇二二年七月末時点では、「特定技能一号」資格の外国人住民が四三人（うち四〇人がベトナム国籍）と徐々に増加している（豊岡市住民基本台帳データより）。これはこの時点での外国人住民（九四二人）の五％を占め、技能実習（二九九人、三二％）が二〇一九年一一月末のおおよそピーク時（三五五人、四三％）から一割強減少しているのと反比例するかたちとなっている。技能実習生は、新型コロナウイルス感染症の流行にかかる出入国制限による新規入国の停止のため、一時期さらに減少していたが、新規入国の再開後にふたたび増加に転じている。[*3]その時期に技能実習二号から三号への移行に加えて、帰国困難などの事由にかかる特例による「特定活動」での雇用延長や新規受入もあいだにはさみ、同一事業所や同業他社で勤めていた元技能実習生の「特定技能一号」への移行や新規採用が始まっている。

一例として、非鉄金属製造業N社への聞き取りによれば、二〇二二年八月時点ですでに自社の技能実習修了者を継続して特定技能で雇用しており、帰国していた自社の元技能実習生も本人からの希望で特定技能として呼び戻すとともに、新型コロナウイルス感染症の流行にかかる特例による特定活動資格で受け入れていた異業種他社の元技能実習生も試験の結果により特定技能として雇用し、さらに新規の技能実習生（技能実習一号）も受け入れるとのことであった（いずれもベトナム人男性）。都道府県別の最低賃金の違いなどもあり「現状での特定技能」は「給料のよい方に流れていく」傾向にある一方で、「技能実習から特定技能への移行も利用していかないと、技能実習の新規受入が難しくなることもあると思う」とのことであった。それを見越した監理団体からの助言もあり、特定技能での受け入れを見込んだ住居の確保も行われている。

また漁協支所への聞き取りによれば、底びき網漁業では二〇一九年度調査の時点で三五人のインドネシア人男性技能実習生が各漁船で受け入れられていたが、新型コロナウイルス感染症の流行にかかる新規入国の停止により、一時期十数人にまで減少した。とくに二〇二〇年に「最初に新規入国が止まった」とき、帰国予定の人はそのまま帰国しており、人員減を「予定していなかった」ので「一番大変だった」と言う。それから二〇二二年春に新規入国が再開し、同年八月時点で技能実習一号八人、技能実習二号一人（二〇二一年に新規受入がなかったことによる）、技能実習三号一年目（技能実習通算四年目）一〇人、技能実習三号二年目（技能実習通算四年目）三人の計二二人となっている。それまで技能実習二号修了で帰国する実習生も多かったが、新規入国の中断もあって、そのまま技能実習三号として残ってほしいと希望する船主が増え、この間の技能実習修了者は一～二人のみ帰国し、それ以外は技能実習三号として再入国している。そして同年、上記二二人以外に二人が技能実習から特定技能へ移行し、同じ船主のもとで受け入れられている。現時点で技能実習生らは技能実習修了後も「また来たいと言っている人の方が多」く、「特定技能に移りたいという声も多い」とのことであった。そのため、新規の技能実習生の受け入れも続ける一方で、「慣れている人」に来てもらうことのできる特定技能への移行が増えることも見込まれている。

加えて宿泊業に関しては、前述の「湯のまち城崎」が特定技能の登録支援機関となって二〇二一年から受け入れを始めており、二〇二二年の調査時点では日本の専門学校を卒業した台湾人女性、韓国人男性、ベトナム人男性の計三人を特定技能の資格で各旅館が雇用するにあたり支援業務を行っている。

正社員、契約社員

豊岡市で正社員や契約社員として働く外国人も、近年さまざまな業種で増えている。

まず製造業では、二〇一九年度の調査時点で外国人従業員を雇用していた二九件の事業所のうち、少なくとも七件の事業所で正社員・契約社員の外国人従業員が働いていた(正社員五件、契約社員三件、重複有)。とくに繊維工業K社、プラスチック製品製造業N社、鞄製造業V社、電気機械器具製造業X社、輸送用機械器具製造業Y社では、中国、フィリピン、ベトナム出身の国際結婚女性とイタリア出身の国際結婚男性が、各事業所で正社員として雇用されていた。上記五社の所在地は豊岡地域一社、日高地域一社、出石地域一社、但東地域二社と四地域に分かれており、日本人配偶者との国際結婚を機に豊岡市に移住した外国人住民が各地域に散住している傾向が反映されている。

このうち電気機械器具製造業X社では、最初はベトナム人女性一人が日本人夫の紹介でパートとして働き始め、そのあと友人で同じく日本人夫をもつベトナム人女性を紹介し、さらに同じく国際結婚で隣接自治体や現地に移住した中国人姉妹も働くようになった。彼女たちはその後、みな正社員となり、とりわけ調査時点で三〇代前半のベトナム人女性たちは「職場でもっとも若く」仕事もよくでき、彼女たちが入ってから「会社の雰囲気は変わった」と言う。そして繊維工業K社や輸送用機械器具製造業Y社では、それぞれ技能実習生と派遣社員に加えて、同じベトナム出身の国際結婚女性を正社員として雇用しており、プラスチック製品製造業N社では、タイからの技能実習生の受け入れにあたって、地域に住むタイ出身の国際結婚女性を採用や現場対応のために雇用していた。

また鞄製造業V社では、他地域・他業種の元技能実習生で、その後ベトナムにあるV社の現地工場で日本語通訳として働いていたベトナム人女性を、企画・貿易を担当する契約社員として雇用している。同社では他自治体にある支社で企業単独型の研修生をベトナムから受け入れており、その通訳のため関西の大学を卒業した元留学生のベトナム人女性二人も契約社員として雇っている。電子部品・デバイス・電子回路製造業T社でも、技能実習生の受け入れが決まってから、事前にまず「製造手順書を日本語からベトナム語に翻訳する必要があり、日本の文化も分かったベトナム人を雇いたい」ということになり、人材派遣会社を介して留学等で滞日経験があるベトナム人男性三人を、技能実習生向けの書類の翻訳・通訳や一般業務を行う契約社員として雇用している。

そして宿泊業AC社では、中華圏と欧米からの海外旅行客への対応のため、いずれも近隣に住み日本人配偶者をもつ中国出身の国際結婚女性二人とアメリカ出身の国際結婚男性一人を、通訳や営業を担当する正社員として雇用している。他の宿泊業の事業所一社と、ホテル・旅館に清掃員を派遣するサービス業の事業所一社で、正社員・契約社員としてフィリピン出身の国際結婚女性を雇用する例が見られた。加えてAC社では、調理部門で技能実習生の受け入れを始めたことに合わせて、技能実習生の通訳やマネジメントのために日本語検定一級をもつベトナム人大卒者二人を契約社員として採用している。さらに宿泊業AD社では、二〇一九年四月から以前は派遣社員として受け入れていたネパール人女性二人を正社員として雇用し、「家族滞在」の資格をもつそのネパール人夫と友人三人をパートで雇用している。同社の担当者によると、「地元の高校の人たちに聞くと、旅館やホテルなどのサービス業は学生から敬遠されて」おり「募集をかけても日本人が来」ず「ハローワークからの応募もない」。その一方で、働き方改革の流れもあって業界的には人手不足の状況がより進んでおり、コスト面では高くつくものの派遣社員を利用せざるをえない。それと同様に、「ビザの問題も言葉の壁もない」ので「正直に言えば、日本人の方がよい」が、「これからは外国人を雇っていかなければ立ちゆかないというのが業界的な課題」であり、英語や中国語など「外国語での対応」という「言葉の面」でもメリットがあったため、中小規模の事業所としては外国人従業員についても派遣社員より「直接雇用がメイン」で「なるべく正社員でやっていきたい」と言う。また上述のように、「湯のまち城崎」などを介して各旅館で受け入れられていたインターンシップ生のなかにも、帰国して母国の大学を卒業したあとで、本人たちの希望により再来日し、インターンシップ時に配属されていた旅館に正社員・契約社員としてふたたび雇用される人たちが出てきている。

老人福祉・介護事業ＡＧ社では、中国出身の国際結婚女性一人とフィリピン出身の国際結婚女性二人を正社員または契約社員として雇用するうち、フィリピン出身の一人はフィリピンの大学からインターンシップ生を受け入れるにあたって、他の同業社で介護職員として勤めていた彼女を「引き抜いてきた」と言う。

正社員・契約社員としてはほかにも、上述のように鞄流通業では元留学生のバングラデシュ人男性が、教育・学習支援業ではスポーツ教室のコーチとして「技能」の在留資格をもつ中国人男性が雇用されており、飲食店・飲食サービス業では同じく「技能」の在留資格をもつネパール人男性らが調理師として雇用されている。また市役所の観光部門や観光業の外郭団体で働く国際交流員（ＣＩＲ）は、他府県の大学への元留学生らが大学卒業後にＪＥＴプログラムに応募・採用されて当地へ派遣されており、市内の小中学校で英語を教える外国語指導助手（ＡＬＴ）も、フィリピンやアメリカをはじめとするさまざまな国から来ている。

このように見ると、他地域での留学や就業の経験がある元留学生や元技能実習生が、日本での就職先を求めてあらためて来日し、この地域で拠点をもつ事業所に雇用されて正社員や契約社員として赴任している。またその一方で、もともと国際結婚を機に当地に移住した複数か国出身の男女が貴重な働き手として、そして語学や同国出身者のサポートなども含めた各人の技能や能力が求められて、さまざまな産業・業種で雇用されるようになっていることが分かる。その意味で、国際結婚を機に移住した彼・彼女らは、それ以前ははっきりと認識されてこなかったかもしれない、地域の潜在的ないわば専門人材であったともいえる。そして元留学生・元技能実習生や国際結婚男女のいずれの場合にも、技能実習生やインターンシップ生らの新規受入がきっかけとなって雇用された事例が複数見られ、インバウンドや事業の海外展開にも関わっている。

なお前述のように、二〇二〇年三月以降の新型コロナウイルス感染症の流行により、出入国制限の影響を受けて技能実習生が一時期大きく減少し、出入国の再開後にふたたび増加に転じたものの、ピーク時に比べてやや少ない人数にとどまっているのに対し、特定技能一号の受け入れが豊岡市でも始まり、増加傾向を示していた。同じように、在留資格別の外国人住民数の推移から見ると、二〇一九年一一月末から二〇二二年七月のあいだで「技術・人文知識・国際業務」の在留資格をもつ外国人住民は四八人から一一二人へと約二・三倍に増加し、それに加えて「家族滞在」も二〇人から三三人へと約一・七倍に増加している。日本人配偶者をもつ国際結婚男女や永住者、定住者などのいわゆる「身分に基づく在留資格」をもつ外国人住民を除くと、正社員や契約社員として雇用されている外国人住民の多くはこの「技術・人文知識・国際業務」の在留資格を有している。二〇二一年、二〇二二年に追加で実施した複数の事業所・関係団体への聞き取り調査の結果もふまえると、製造業などで、とくにベトナム人従業員を中心に、新規の技能実習生の受入停止を補うかたちで、元技能実習生や元留学生らが特定技能のみならず正社員・契約社員として雇用が継続されたり新たに雇用されるようになっており、また宿泊業などでネパール人従業員が新たに正社員・契約社員として雇用され、その同国出身の夫や妻らが「家族滞在」の資格で帯同し、パートで雇用されている（豊岡市 二〇二二：一二四―一二七）。

派遣社員、請負社員、EPA介護福祉士候補者

第一節で産業別に見てきたように、とりわけ製造業、宿泊業、医療・福祉などで、多様な雇用形態のもと外国人従業員が雇われていた。一つの事業所のなかでも、複数の雇用形態で外国人従業員を雇用しているケースが少なからず見受けられた。

製造業や宿泊業では、日本人従業員と同様に、外国人従業員についても派遣社員や請負社員として雇用している事業所があった。まず輸送用機械器具製造業Y社は、豊岡市と隣接自治体にある二つの工場で九〇人弱が働くうち、日本人・外国人を含む従業員全体で、正社員以外に、フルタイムで働き一年ごとに契約更新がある契約社員と派遣社員がそれぞれ一〇人ずつ雇用されており、日本人の派遣社員はほぼ女性である。国内や東南アジアでのインフラ整備の需要から「景気はよい方である」が、所在地域が中心から外れることもあって「人集めには苦労」しており、関連会社と取引のある派遣会社の紹介を受け、「技術派遣」という形態で「技術・人文知識・国際業務」の在留資格をもつベトナム人男性三人（ベトナムの大学卒で日系企業での就業経験有）を二〇一七年一一月から雇用し、うち一人のベトナム人妻が「家族滞在」の資格で帯同し、パートとして勤めている。ベトナム人派遣社員らは派遣会社と五年契約を結ぶ一方で、同社との契約は一年更新であり、「五年経った後も雇ってくれますか」と言われているとのことであった。そして電気機械器具製造業Z社は、日系二世・三世を中心とする永住者・定住者の在留資格をもつフィリピン人男女を請負社員として、豊岡市内に営業所をもつ労働者派遣業AJ社（従業員二〇〇〜二九九人規模）を介して二〇一九年度の調査時点で五二人雇用していた。その後の調査によれば、Z社で働くフィリピン人請負社員は二〇二二年八月時点で約九〇人にまで増加し、AJ社からは請負社員への指示・通訳のためフィリピン出身の国際結婚女性が同社の正社員としてZ社に派遣されている。

また宿泊業ＡＤ社では、外国人従業員として他に正社員、パート、インターンシップ生を受け入れているのに加えて、二〇一九年度の調査時点でいずれも二〇代前半の中国人女性の派遣社員を四人雇用しており、うち二人は「二年間の就労ビザをもち仕事を覚えてもらう前提でおそらく最後までいることになる」一方で、もう二人は繁忙期にあたる「カニシーズン」を含む一〇月〜翌二月の五か月間の短期契約で受け入れている。また二〇一九年から正社員として雇用しているネパール人女性二人も、その三〜四年前に同社で日本人の派遣社員と同じ業者を経由して派遣社員として雇用していた。そして宿泊業ＡＥ社では、人手不足が続くなかで二〇年前から日本人の派遣社員を受け入れてきたが、その派遣やこれまでおもに紹介に頼ってきた高卒者らの中途採用にも人が集まりにくくなったため、大卒者の新卒採用にも参入しつつ、外国人の派遣社員とインターンシップ生の受け入れを始めている。二〇一九年には他地域・他産業で技能実習を修了し帰国していたベトナム人女性二人を、やりとりのあった派遣会社の海外部門からの紹介で派遣社員として雇用し、耐震工事にともなう休業期間までの七か月間の契約を結んでいる。同社ではそれ以前に宿泊業で就業経験のある中国人派遣社員を受け入れており、その従業員が日本語も仕事もよくできたことから、その後も外国人の派遣社員や中国の大学からのインターンシップ生の受け入れにもつながっている。ただし、元技能実習生のベトナム人女性らは「技能実習を三年間経験しているが、日本語のトレーニングは受けていない」ため、当初は「日本語がたどたどし」くその点で中国人派遣社員やインターンシップ生らと実際の日本語能力に差があったものの、「こちらでコツコツ勉強して、何とかなっている」と言う。同社では特定技能を受け入れる可能性も含めて外国人従業員の雇用を続けたいと考えているが、正社員としての雇用は「会社としてまだ抵抗感がある」と言う。

加えて介護職について、日本全体でも女性や非正規職員に大きく依存しており、外国人従業員に関しても国際結婚女性・男性など「日本人の配偶者等」「永住者」「定住者」らから、ＥＰＡ介護福祉士候補者、在留資格「介護」、技能実習「介護」、特定技能一号に到るまで、多様な在留資格をもつ人が就労していることがすでに指摘されているが（定松 二〇一九、大黒屋・村岡 二〇二三）、豊岡市でも同様であった。老人福祉・介護事業ＡＦ社では、同じ但馬地方の同業他社の理事からの勧めもあり、運営法人の方針で二〇一五年からＥＰＡ（経済連携協定）に基づく介護福祉士候補者派遣事業に参加し、二〇一六年に初めてフィリピン人女性のＥＰＡ介護福祉士候補者一人を受け入れており、二〇一九年度調査の時点では同年に受け入れたもう一人と合わせて二人のフィリピン人女性ＥＰＡ介護福祉士候補者がいた。その後、二〇一六年から受け入れている一人は二〇一九年度中に試験に合格して介護福祉士資格を取得して正規職員となっており、もう一人は介護福祉士試験に二度不合格だった後、特定技能に切り替えて雇用が継続されている。同社への聞き取りによれば、老人福祉・介護事業は「かつて「おばちゃん産業」と言われていた」のが今では男女問わず「一生の仕事となって」おり、定着する人としない人で二極化している。一方で、「ハローワークで求人を出しても応募が来ない」ように求職者から「交替勤務制」が避けられていると思われることもあり、「今後外国人職員の採用を増やしていくつもりである」とのことであり、ＥＰＡ介護福祉士候補者の新規受入に加えて、二〇二一年度以降は同じくフィリピンから技能実習生の受け入れも予定されている。

パート、インターンシップ

非正規雇用の外国人従業員として、もっとも多くの産業・業種で採用されていたのはパートである。そのおもな担い手は、フィリピン、中国、ベトナムなどの出身で日本人配偶者をもつ国際結婚女性および男性であった。ほかにも、これらの国々出身の配偶者が正社員や契約社員さらには派遣社員などで雇用されるのに合わせて来日した、家族滞在資格の男性・女性もパートで雇用されていた。一例として、畜産食料品製造業E社では、製造部門の従業員として正社員一二〜一三人、パート五七〜五八人、派遣社員六人を雇用するうち、外国人従業員八人はすべてパートで雇用されていた。その内訳は、フィリピン出身の国際結婚女性七人とインドネシア出身の国際結婚男性一人である。パートといっても、日本人パートの多くと同様に「ほとんど八時間のフルタイム」週五〜六日のシフト制で勤務している。採用の経緯はほとんどが日本人配偶者や同国出身者のネットワークを介した紹介であり、「ある程度自由に働くことができる」という理由から、本人たちの希望もあってパートのまま定着している。また繊維工業K社では、日本人従業員が正社員とパート半々で三〇人ほど、社外に内職が一〇人いるのに加えて、ベトナム人女性技能実習生一五人、日本人配偶者をもつベトナム人女性三人、フィリピン人女性一人、中国人女性一人が働いている。この国際結婚女性のうち三人が正社員、二人がパートである。パートのうち一人はいちど退職した後で夫の定年退職に合わせて正社員として復職する予定というように、希望があればパートから正社員での雇用に移行可能である。総じて、パートでの雇用の背景には、非正規雇用が多いといった事業所側の事情や、家族滞在など在留資格による制約、自営業や家族のケアといった外国人住民側の事情がある。また別の外国人住民側の事情として、同国出身者のネットワークによる紹介だから、一時帰国などのために退職・復職しやすいから、といった理由で選ばれている側面もある。

最後にもう一つ、宿泊業と老人福祉・介護事業の事業所では、すでに言及したように、海外の大学に在籍するインターンシップ生が受け入れられていた。宿泊業でのインターンシップに関しては、たとえば港地区にあるAE社では、同業者組合の紹介により近畿地方他府県に拠点をもつ団体を介して中国人インターンシップ生を受け入れている。また、とくにAD社を含めて城崎地域にある事業所では、前述の二〇一二年に設立された民間のまちづくり会社「湯のまち城崎」が多くのインターンシップ生の受け入れに携わっている。同社は二〇一六年の台湾を皮切りに、ベトナム、インドネシア、キルギスなど各国の大学と順次提携し、「特定活動」の在留資格でのインターンシップ生の受け入れとインターンシップの実施にかかる各種業務を行っている。二〇一九年度の調査時点では約二〇人のインターンシップ生が同社を通じて受け入れられ、各旅館に配属されている。その後、新型コロナウイルス感染症の流行にかかる出入国制限と、さらには宿泊業の一斉休業、業務減もあり、二〇二一年には約半数に減少しているが、二〇二二年にはふたたび二〇人以上の受け入れに戻っている。

老人福祉・介護事業ＡＧ社では、理事長による取り組みとして数年かけて準備を進め、二〇一八年よりフィリピンの州立大学と提携し、おもに自動車学科とホテル・観光マネジメント学科から三か月間のインターンシップ生を一七人程度、年に二回受け入れている。介護施設では観光マネジメント学科の学生がサービス業の研修に従事している。学生たちは大学で日本語の基礎を学んでおり、来日当初はなかなか日本語ができないが、すぐに覚えて話せるようになっている。反対に、フィリピンからインターンシップ生を受け入れることで、最初は英語に抵抗があった日本人職員たちも、彼・彼女らと交流するなかで頑張って勉強するようになり、「今は笑いながら英語を話そうとするように」変わっていったと言う。

3　事業所と外国人労働者のこれから

二〇一九年度の質問紙調査では、豊岡市で外国人従業員を雇用する事業所四〇件のうち、「外国人を雇ったことに満足していますか」との問いに対して、「満足している」（一八件、四五％）と「ほぼ満足している」（二〇件、五〇％）との回答がほぼ一〇〇％を占めていた。そして今後の外国人従業員の雇用予定についても、現在と同等（二〇件、五〇％）、あるいはそれ以上（一二件、三〇％）雇いたいとの回答が八割を占めている（豊岡市 二〇二〇：五三）。聞き取り調査でも同じ傾向であり、コロナ後も大きく変わっていない（豊岡市 二〇二二：一一八―一二九）。

その外国人従業員については、さまざまな形態で雇用されているなかで技能実習生がもっとも多く、パートや派遣・請負社員をはじめとして非正規雇用の割合が高いことも事実である。各事業所への聞き取りでは、時期や景気による業務量の多寡、繁閑の差などに対応するかたちで、かつて未婚の若年女性や子育て後の既婚女性による一時就業、あるいは季節労働者や派遣労働者が担っていた部分で、そうした人たちがもはや集まりにくくなったことから、非正規を中心とする外国人労働者が求められるようになった経緯が見られた。もともと高卒者の就業が多かった産業では、正社員の新卒・中途採用も年々難しくなっている。そして「正社員はまだ採れる」という、より大規模な製造業事業所などにおいても、事業の拡大や維持のために、技能実習生や日系フィリピン人らの派遣・請負社員が増加していた。

しかし技能実習生を雇用する事業所についても、技能実習機構の発足をはじめとする制度改正の影響などもありつつ、かつての研修生時代のイメージとは異なり、より零細な事業所で単に安価で短期間だけ働いてもらうのではなく、人手不足の進行によって、むしろコストがかかるとしても、この地域、この事業所で一定期間働いてくれるということが、いっそう期待されるようになっている。そこに新型コロナウイルス感染症の流行をはさみ、技能実習から特定技能や正規雇用、派遣社員やパートから正社員・契約社員への移行も見られるようになった。さらに他地域・他業種の元技能実習生や元留学生、元インターンシップ生なども、新たにこの地域の事業所に雇用され、正規雇用で働くに至っている。なお二〇二三年一一月末には、政府の有識者会議により、「現行の技能実習制度を実態に即して発展的に解消」し「人材確保」と「人材育成」を目的とする新制度「育成就労制度」へ移行することを提言する最終報告書が法務大臣宛てに提出されている（技能実習制度及び特定技能制度の在り方に関する有識者会議二〇二三）。

したがって、東アジアや東南アジアの経済発展や、世界規模での移民受入をめぐる競争が激しくなるなかで、すでに選ぶ側ではなく「選ばれる」（二階堂 二〇一九b：七八）側にある日本の、さらに地方部にあって、これからも新たにこの地域を訪れ、より長く暮らしてくれる人たちを継続的に受け入れるための基盤づくりが喫緊の課題である。

当然ながら、外国人労働者はそれ以前に一人の生活者であり、彼・彼女らとその家族や子どもたちも含めて安心・安全に暮らせる環境が重要なのはいうまでもない。衣食住から教育あるいは老後に至るまで、地域社会のなかで外国人住民が抱える問題はまだまだ大きい。新型コロナウイルス感染症の流行直後、豊岡市の外国人住民のあいだでも派遣やパートの雇い止めにあった事例が報告されているが（豊岡市 二〇二一：一二八）、失業時のさまざまな支援制度へアクセスする手段や機会も、日本人住民に比べて限られているのが現状である。

しかしそれと同時に、今日の地域社会に域外から人々――つまり日本人の若年層についても同じことがいえる――を呼び込むためには、就労移住であれ家族移住であれ、その地域にそうした人々をきちんと雇用できるだけの産業が維持されていなければならない。そして本章で見てきたように、その地域産業の維持にも、ほかならぬ外国人労働者が貢献している。外国人移住者・移民にとっては、まず働き口がなければその地域を訪れることも留まることも困難であり（上林他 二〇二一：四八―四九）、地域産業の「持続可能性」（二階堂 二〇二三）そのものが、一つの大きな課題となっている。

注

＊1　外国人住民・労働者の側から見た現況と展望については、本書の各章を参照のこと。また本章で扱う「外国人住民・労働者」は、おもに事業所と当事者への質問紙・聞き取り調査の回答に基づくものであり、当地で居住・就労する外国人の住民を基本的に指している。

＊2　ただし、韓国・朝鮮人の特別永住者一人はここに含めていない。

＊3　その後、二〇二三年七月末時点では外国人住民が一〇一七人へと増加し、そのうち技能実習生が三三七人（三三％）、「特定技能一号」が六四人（六％）となっている（豊岡市住民基本台帳データより）。

参考文献

梅村麦生　二〇二一「地方の諸産業と外国人技能実習生――二〇一九年度兵庫県豊岡市の調査研究から」『関西学院大学先端社会研究所紀要』一八：五九―七六、http://hdl.handle.net/10236/00029506（二〇二三年三月一五日閲覧）。

大久保元正・梅村麦生　二〇二三「地方部の製造業と外国人労働者」徳田剛・二階堂裕子・魁生由美子編『地方発　多文化共生のしくみづくり』晃洋書房、七五―九三頁。

大黒屋貴稔・村岡則子　二〇二三「外国人介護人材受け入れの現状と課題に関する一展望――愛媛県のケースから」『都市問題』一一四：二二―二七。

上林千恵子　二〇一七「製造業における技能実習生雇用の変化――中小企業から大企業への展開」堀口健治編『日本の労働市場開放の現況と課題』筑波書房、九二―一一三頁。

――　二〇一九「地域社会における外国人労働者受け入れ――人口減少と技能実習生への依存の深化」『生活経済政策』二六六：五―一三。

上林千恵子・山口塁・長谷川翼　二〇二一「出雲市における産業振興・雇用創出と外国人労働者（一）――自治体政策と企業立地の条件」『社会志林』法政大学社会学部学会、六八（一）：四五―六五。

厚生労働省兵庫労働局　二〇二〇「兵庫労働局における『外国人雇用状況』の届出状況（令和元年一〇月末現在）」https://jsite.

mhlw.go.jp/hyogo-roudoukyoku/content/contents/R1.pdf（二〇二二年一一月二四日閲覧）。

技能実習制度及び特定技能制度の在り方に関する有識者会議　二〇二三『最終報告書』出入国在留管理庁ホームページ、https://www.moj.go.jp/isa/content/001407013.pdf（二〇二三年一二月二七日閲覧）。

定松文　二〇一九「介護準市場の労働問題と移住労働者」（特集「人手不足」と外国人労働者）、『大原社会問題研究所雑誌』七二九：二九―四四。

豊岡市　二〇二〇『二〇一九年度　豊岡市・神戸大学共同研究「外国人住民に関する調査研究」報告書』https://www.city.toyooka.lg.jp/_res/projects/default_project/_page_/001/011/099/houkokusho.pdf（二〇二二年一一月二八日閲覧）。

――　二〇二一『二〇二〇～二〇二一年度　豊岡市・神戸大学共同研究「外国人住民に関する調査研究」報告書』https://www.city.toyooka.lg.jp/_res/projects/default_project/_page_/001/019/934/houkokusho.pdf（二〇二三年三月一四日閲覧）。

――　二〇二二『豊岡市経済・産業白書二〇二一年度版』https://www.city.toyooka.lg.jp/_res/projects/default_project/_page_/001/002/313/hakusyo2021rev2.pdf（二〇二二年一二月一三日閲覧）。

二階堂裕子　二〇一九a「中山間地域における外国人技能実習生の受け入れ政策」徳田剛・二階堂裕子・魁生由美子編『地方発外国人住民との地域づくり――多文化共生の現場から』晃洋書房、三五―五一頁。

――　二〇一九b「外国人技能実習生と地域住民の顔の見える関係の構築」『社会分析』四六：六三―八一。

――　二〇二三「地方圏における産業の持続可能性の確保に向けた外国人技能実習生の受け入れ」『都市問題』一一四：二八―三五。

第2章 「ニッポンで働く」ということ
――技能実習生の夢と現実

佐々木祐

1 若い外国人住民としての技能実習生たち

「序」でも見た通り、他の地方都市同様、豊岡における外国人住民のなかでも、一定期間の契約終了後は基本的に帰国することが定められている技能実習生たちの占める割合は高い。その職種についても、製造業・食品加工業・農業だけではなく、港地域において漁業に従事する者が多いことも一つの特徴である。また、温泉地として有名な城崎地域などでは観光業に雇用される技能実習生が多数生活している。

こうした人々が少子高齢化が進む地方社会における貴重な住民の一員として、また労働者として生きていることは、豊岡の人々にとって「なんとなく」知られてはいる。だが一方でそれは、どこか疎遠な存在、「顔の見えない」存在としてしかまなざされてこなかったことも事実である。小売業や飲食業において多くの外国人が雇用されている都市部とは異なり、豊岡市民の多くがこうした若者たちと出会う機会は、たまの休日に連れ立って買い物をしている場面、あるいは勤務先と宿舎を集団で移動するその一瞬のすれ違いに限定されているといっても過言ではない。

もちろん、こうした状況は外国人住民支援を行う組織・個人の活動や行政の働きかけ、あるいは地域住民の隣人としての関わり合いによって改善されつつある。だが、その在留条件や雇用・居住形態により、そうした関係づくりにはどうしても制約が生じてしまうことも否定できない。

本章では、豊岡という地域のもつ特性をふまえたうえで、そこに生きる（大多数は）若い外国人労働者たちが、来日と就労という経験を通じて自分たちの生活や地域との関わりをどのように認識しているのか、またその将来をどのように構想しているのかを技能実習生八二人を対象とした調査データを通じて見ていきたい。ただし行論の都合上、その大多数を占める二〇代の若者に主たる焦点をあてて分析を行う。また、外国人を雇用する事業主や地域の区長に対して行った聞き取りデータも一部利用する。

2　技能実習生と日本

一九九三年に創設された「外国人技能実習生制度」は、地方社会における外国人住民の量的・質的な変化をもたらした。「我が国が先進国としての役割を果たしつつ国際社会との調和ある発展を図っていくため、技能、技術又は知識の開発途上国等への移転を図り、開発途上国等の経済発展を担う『人づくり』に協力することを目的としております」（厚生労働省HPより）[*1]という「タテマエ」のもと、中国・ベトナム・フィリピン・インドネシアといった、地域社会にこれまではつながりの薄かった国・地域の人々が「マス」として導入されるようになったわけである。最長で五年、定められた職種・職場において事実上の低賃金労働に従事するこうした若者たちが、日本のさまざまな地域で生活するようになっている。その数は年々増加傾向にあり、二〇二〇年からの新型コロナ感染症による受入停止の影響でいったんは減少したものの、ふたたび増加に転じ、二〇二二年末には全国で約四五万人と過去最多を記録するようになっている。[*2]

一方で、こうした人々を住民の一員としてではなく、いずれは帰国する一時的な労働力としてしか位置づけていない制度設計は、劣悪な労働条件や低賃金、あるいは人権侵害や暴力、またそれに起因する実習生の「失踪」といった多くの問題を生み出していることは広く知られ、また多くの論者による根源的な批判がなされている（巣内二〇一九、澤田 二〇二〇、安田 二〇二一など）。「現代の奴隷制」とも批判されるこうした現状に対しては、アメリカ国務省の『人身売買年次報告書』や国連人種差別撤廃委員会所見・勧告などにおいても、国際的な批判の声が多く上げられている（鳥井 二〇二〇：四〇）。それに対し、日本政府は「外国人の技能実習の適正な実施および技能実習生の保護に関する法律」（二〇一六年公布、翌年施行）を制定するなど遅まきながらの対応を余儀なくされる一方、二〇二三年には有識者会議から同制度の廃止も視野に入れた見直しや、新たな体制の整備を求める提言がなされた。[*3]

だが、外国人技能実習生制度の問題点を指摘することやその解決案を示すことが本章の目的ではない。ただ、矛盾や陥穽をはらむこの制度に参入しながら、地域社会の住民として実際に就労し生活しようとしている外国人たち、つまり「向こう側」から日本と豊岡が「どのように見えているのかを考える」という不可欠の作業（崔 二〇二一：二一―二二）を通じ、ありうるのであれば一つの可能性を探ってみたい。

3　技能実習生からみた「ニッポン」と「トヨオカ」

技能実習生たちは多くの場合、自らが数年間を過ごす就労先についての情報をほとんどもたないまま豊岡にやってくる。調査においても、事前のイメージと現実とのギャップについての声がしばしば聞かれた。

インドネシア人のイメージとして、日本はハイテクノロジーの国。だけど、日本に来てみると同じじゃないか、田舎だと感じた。タマネギや田んぼもあるんだなと。（インドネシア・男）

アニメやドラマから得たイメージから、電車のシーンが多いから電車代が安いのだろうと思っていた。来てみたら、交通費は中国よりずっと高くて驚いた。（中国・男）

日本人に対して、前は冷たいイメージがあったが、今はつきあいやすいと思う。ただ強いて言うと、日本人は割り勘だとかケチな印象がある。でもそれは悪い人ということじゃなくて、文化の違いだ。（中国・男）

同時に、調査対象者の多くは日本社会の「清潔さ」「安全さ」や日本人の「礼儀正しさ」「真面目さ」、また海も山もある豊岡の自然環境や日本の四季などについて、肯定的な回答をしている。

日本は安全。地域の人々も優しい。経験では、あるとき財布とタバコをタクシーに忘れた。なくなっても仕方ないと思っていたが、運転手さんから連絡があり、直接来て渡してくれた。日本は安全だと思った。

（インドネシア・男）

もちろん、こうしたある種「紋切り型」の日本評が聞かれるのは、調査票および限られた時間での聞き取りという調査方法の限界によることはいうまでもないが、差し当たり自らに与えられた環境をポジティブに評価し、そこでの生活を最大限楽しもうとする彼らの姿勢も調査を通じて見えてくる。

日本がこんなに綺麗だとは思っていなかった。

（ベトナム・女）

環境も人もよくて、やすらかな生活を送っている。

（中国・男）

現在の生活には満足しており、サッカーや朝のジョギングが楽しい。

（インドネシア・男）

実際の生活面においても同様に、労働・居住条件の制限のもとで、できるだけの快適さや娯楽の機会を確保しながら前向きに生きようとする様子がうかがえる。技能実習生たちは、基本的に事業主が用意した寮・住宅にて共同生活をしているため、小さいながらも同国人のつきあいは確保されており、そういった理由で、表面的な孤独感は調査からは見えてこない。

食事は自分たちみんなで当番制でインドネシアの料理を作っている。食材の買い物は二週間に一回、船長の車で豊岡の「業務スーパー」まで行って、五万円分ぐらいまとめて買う。実習生三人がかりでたくさん運び、段ボールにキャベツや油をいくつも詰めて帰る。服は豊岡市内の店や、（最寄りの大都市である）鳥取の「イオン」に電車と歩きで買いに行く。駅から遠い店に行く場合はタクシーを使うこともある。

（インドネシア・男）

生活については問題がありません。家からショッピングモールまで遠いので、ちょっと不便ですけれど、毎月二回会社の人にみんなで買い物に連れて行ってもらいました。

（ベトナム・女）

休日は寮でカラオケやプレステ。先輩が置いていったドラムやギターがあるので音楽をしたり、気比の浜近くにあるサッカー場にサッカーをしにいく。インターネットで買い物をすることもある。バドミントンもするし、気比の浜で泳ぐこともある。

（インドネシア・男）

しかしながら、こうした技能実習生たちが不満や問題を感じていない、というわけではもちろんない。

心理的には退屈で、文化も違うので、なかなか日本社会のなかに入れない。乗り物でもサポートがない。法律はもっと分からない。ベトナム語でそれらを教えてほしい。そういう説明はないのに、スーパーでは「モノを盗むな」とベトナム語で書いてあるのは問題だと思う。

（ベトナム・男）

ほかにも、労働・生活に必要な制度や法律に関する情報提供やサポートを求める声が上げられている。こうした問題に対し、現在豊岡市では行政および支援団体による体制づくりが進められている。ただ、支援を誰に、どのように、どれだけ行き渡らせることができるかは、これからの課題として残されている。また、右の発言で指摘されているような半ば無意識的な差別や偏見が、外国人住民を日々深く傷つけているという事実も重く受け止めなくてはならない。

地理的な条件、とりわけ居住環境や交通手段について不便に思う声も当然ながら多く聞かれた。

寮での人間関係がストレスフル。生活は平和だがつまらない。（ベトナム・女）

家から都会まで遠いので、不便です。（ベトナム・女）

交通不便、買い物も不便。バスは高いし、一時間に一本しかない。普段は自転車通勤（二〇分）だが、雪が降ったら歩いて通勤することになる。（中国・男）

また、生活習慣・文化の違いに起因するコンフリクトの事例も数例見て取れる。

料理をするときヌクマム（魚醤）を使う習慣がありますが、独特の匂いがあるので近所の人に迷惑だと文句を言われました。（ベトナム・女）

住宅は病院の隣なので、少し騒がしく話したら文句を言われる。
（ベトナム・女）

さらに、職場および地域における人間関係・交友関係については多くの、そしてさまざまな意見が寄せられた。

日本人は「二つの顔をもっている（ベトナムの諺で、言っていることと考えていることが違うという意味）」。年寄りはいい人が多いが、若い人はあまりよくない。
（ベトナム・男）

日本のドラマのイメージから日本人はやさしくていい人だと思っていたのに、実際は話さない人。漁業の人は仕事がきついから話さないのではないか。楽しい話をする時間はない。
（インドネシア・男）

日本人は本音で話してくれない、意見を聞いてくれない。お金のために来ているので、気にはしないし、生活には満足しているが。
（ベトナム・男）

職種や寮・宿舎の位置にもよるが、地域住民との関わりはやはり限定的であることが他調査項目からも確認できる。日本人の友人が「いる」と回答したのは回答者のうちの約二割にあたる一八人に過ぎず、またその内容は会社の同僚というケースが多かった。もちろん、そうではない広い交友関係を求める声は強い。

城崎に遊びに行って、二人の日本人の知り合いができた。日本語を話せるようになりたいから話しかけて友達になっ

た。ＬＩＮＥでやりとりもしている。日本語の練習にもなる。会って、遊ぶ関係ではないが。（インドネシア・男）

祭りとかに参加させてほしい。外国人でも日本の社会に入れるようにしてほしい。精神的に退屈。（ベトナム・男）

日本人や地域とこうした関係をつくりたいという希望は、単に友人関係・遊び相手を求めてのことであるだけでなく、日本語能力や日本人との「コネ」、また行事や文化を体験するといった、自らの経験あるいは「資源」蓄積への期待の表出であるとも解釈できよう。

技能実習生を雇用する事業主を対象とした聞き取りにおいても、こうした期待に対する配慮を、とくに地域との良好な関係構築の必要性ともあわせ、数人から聞くことができた。

受入時に一番気をつかったのは、地元の人たちの印象。だから地元の人たちと関わりがある方がよいと思い、実習生たちに（地域行事の）日役に出てもらった。アパートに住む他の日本人たちはなかなか参加しないので、歓迎されている。（事業主・製造業）

（実習生が）来日したときに地域の人たちに顔を覚えてもらうため、地域向けのバーベキューを行っている。ほかにも花見、春祭り、秋祭りのだんじり、日役にも参加している。（事業主・製造業）

こちらとしては、できるだけ地域の行事に参加して、実習生の顔を覚えてもらう方がよいと思っている。その結果、今

は地区の人たちから彼らが野菜をもらったりもしている。（事業主・製造業）

調査において地域の行事に実際に参加したことが「ある」と回答したのは回答者の二割にあたる一七人であるが、やはりこうした取り組みはまだ限定的であり、また多分に雇用主の考えによる部分が大きいことも分かる。一方、外国人住民が居住する区の区長に対して実施した聞き取りからは、地域における若い住民としてこうした技能実習生たちの行事参加に期待する声も聞かれており、双方の意思の十全なマッチングがこれからの課題となるだろう。

以上、生活者としての技能実習生たちにとっての豊岡の風景を見てきた。事前にイメージしていたような「ニッポン」との相違に戸惑いながらも、地方都市におけるささやかな楽しみを大切にしながら日々を過ごす姿が浮かび上がる。同時にこうしたデータの背後に共通して感じられるのは、空間的には隔絶しているわけではない地域社会における、日本人住民たちとの距離感や疎外感である。技能実習生たちは日本の若者同様、日常的にインターネットやSNSといったテクノロジーによって好みの娯楽を楽しんだり、また母国の友人や日本に住む同国人とのコミュニケーションを維持している。その意義や価値はまったく否定すべきものではないが、それが日本に生きることの孤独を補完するためのツールとしてより強く機能せざるをえなくなっているというのも事実である。

4　就労経験という「資源」

調査対象者の大多数は、家族・親族、友人あるいは地域の知人などに、主として日本や韓国・台湾といった東アジア圏を中心とした海外への出稼ぎ経験者がいると回答している。また、そうした経験者の成功体験を直接あるいは間接に知っている者も多く、技能実習をはじめとした海外労働移住の心理的ハードルを下げるとともに、移動のモチベーションを高める要因となっている。

出稼ぎから帰国して商売、会社を開いたりベトナムの日系会社や日本語教師として働いている。（ベトナム・女）

知り合い、同じ村の人が日本に行って、漁業仕事をやって帰ってきたら田んぼを買って、土地と家も買った人がいた。（インドネシア・男）

もちろん、出稼ぎをはじめとしたこうした海外での就労が必ずしも成功につながるわけではないということもまた彼らはよく知っている。

（失敗した例は）よく聞きますよ。出稼ぎに行って、儲かるけど、ギャンブルや酒に使って何も買えず苦労。（インドネシア・男）

友達が韓国に行って、めっちゃ借金をしたが返せずに逃げて帰国した。もう一人は北海道に行って、寒すぎて一年間で帰国した。お金はめっちゃ損をした。一〇〇、〇〇〇、〇〇〇ドン（五〇万円）の借金だった。（ベトナム・男）

友達で逃げた子がいる。逃げた理由は契約と違っていた。生活が苦しかったため。
（ベトナム・女）

興味深いことに、そもそも海外での就労自体に否定的な意見をもつ者もいた。

（出稼ぎをして成功した例は）聞いたことがない。ない理由は、出稼ぎしない人こそが成功者だから。出稼ぎに行っているこ と自体が失敗。家族をおいていくことは成功とはいえない。
（インドネシア・男）

こうした醒めた視点を語ったインドネシア出身の彼だが、その母親はかつてマレーシアとサウジアラビアで家事労働者として就労した経験があり、また同様に出稼ぎに出ている弟の勧めでジャカルタの送出機関に申請したと語っている。彼にとって海外での就労は、いわば「卑近な必要悪」として認識されているのかもしれない。

さらに、外国人技能実習生制度そのものにまつわるさまざまな問題や事件に関する認識について見てゆく。こうした情報は、母国においてもニュース・新聞などで報道されているだけでなく、インターネットを通じて容易にアクセスすることができる。賃金未払いや低賃金について「聞いたことがある」と回答したのは八二人中一八人、技能実習生問題（暴力・権利侵害など）について「知っている」と回答したのは同一五人である。

賃金に関してはフェイスブックやWeChatなど、SNSを介して知ったと答えた者が目立った。

給料を払わないということは友達からもあまり聞いたことがないが、残業代を払わないということは聞いたことがある。ただ、自分自身は深夜の仕事に就きたいが就くことができない。ベトナム人はむしろ（残業をしてでも）働きたい

という気持ちが強い。（ベトナム・男）

仕事がきついのは構わない。お金さえ払ってもらえればいい。大きな会社なら安心だ。（ベトナム・男）

別の質問項目（仕事での不満点）においては、低賃金であることへの不満が数件あげられているが、それはむしろ労働時間の短さ（残業の制限）と関連させられているケースが多い。送出機関に多額の手数料を、しかも多くの場合借金までして支払ったうえで日本にやってくる技能実習生にとって、手当が出るのであれば長時間労働自体は許容の範囲内だと考える者も多いようだ。また実際、雇用者側からも「残業ができないせいで逃げた実習生がいるという話は耳に入っている。お金を稼ぎたいのに八時間しか働けない、ある程度残業ができないとなると不満がたまる」「昼間だけの勤務にしたら、逃げ出したところもあると聞く」との声も聞かれた（ともに製造業）。

暴力や人権侵害、あるいは失踪についても、直接的に経験したわけではないにせよ、知人やインターネットを通じて身近な問題として捉えられていることが分かる。

私の友達は二週間前に胃の手術を受けたばかりでしたが、まだ痛くて回復していないのに、仕事をしなければなりませんでした。休暇をとりたいとお願いしたら、叱られたそうです。そんなことは、労働者の搾取で法律違反だと思います。労働者は人間で、機械ではありません。（ベトナム・女）

知り合いの男性が職場で殴られて失踪した。また、叔父さんの家の息子が岡山で建設の実習生をしていたが、二か月で

失踪して連絡がつかない。（ベトナム・女）

ベトナムの派遣会社のせいで、そんなことがたくさん起きたと思います。日本に来る前に労働者の頭に明るいことばかりを吹き込んだのに、日本に来てみると実際は逆でぜんぜん違っています。仕事は大変で、給料もとても低いです。一方、労働者も詳しく情報を調べませんから……。（ベトナム・女）

ただし、こうした認識自体は日本で就労するという行為選択にはあまり影響を与えていないようにも思われる。以上の事実を知っていると答えた者のほとんどは、「今後も日本で働きたいか」との問いには「働きたい」と回答し、実習の延長や、場合によっては再度の申請、あるいは別形態での就労を希望する者も見られた。

チャンスがあればまた日本に戻りたい。（ベトナム・女）

実習追加を考えている。（中国・女）

たとえば、「実習生が仕事をミスしたときに殴られたニュースなどを見た」と答えたベトナム人女性は、その後の質問には「実習生は経験としていいから、後輩にも勧めたい」と回答している。

また、実習生問題について「去年（二〇一八年）一人逃げた。（中略）漁業の仕事は簡単ではないから、逃げた人は心が強くない。心が強くないと難しい」と回答したインドネシア人男性は、一方で次のように答えている。

また延長して働きたいと思う。ここで難しい場合は、他の場所でもいい。ずっと日本で住みたい。日本人にはなりたくないけど、インドネシア人のままで日本に定住したい。日本は安全で、まわりの人も優しいので。（インドネシア・男）

このようなやや整合性がとれていないようにも思える回答の意味については最後にまた考えるとして、次は実習生自身の労働環境についての情報を見ていこう。「現在の仕事に満足しているか」との問いに対しては、「満足している」が七四人、「していない」二人、無回答九人との結果であった。

まあまあ。仕事の時間、給料が決まっているし、クビにならない。寮がいい。（ベトナム・男）

社長も同僚もみんな優しい。自分は日本語がうまく話せないが、みんなに丁寧に教えてもらった。（中国・男）

きついけど満足。送金もできる。（インドネシア・男）

とはいえ、そう答えた者のうち幾人かは、同時に仕事上の不満を吐露してもいる。上述した通りそのほとんどは賃金の低さについてのものだが、ほかには日本語に関するものが多い。

職場が駅から遠いし、日本語を勉強できない。無料の教室があるのは知っているが、遠い。（ベトナム・女）

方言（但馬弁）のせいで日本人と話をするとき、私には理解できません。（ベトナム・女）

来年の五月までに日本語能力試験でＮ３レベルに到達しなければならないので、とても心配しています。（ベトナム・女）

また、「必要な情報や支援してほしいこと」の項目においても、日本語学習への要望が目立つ。

日本語を勉強したいです。それに方言もちょっと説明してください。（ベトナム・女）

「休日の過ごし方」においても、趣味や娯楽・買い物とならんで、日本語教室あるいは独学で日本語を学習すると答えた者は二二人にのぼる。市内には日本語学習を精力的・継続的に支援する団体が複数存在し、場合によっては地域や企業に講師を派遣しての日本語教室を開催している（インタビュー3参照）。だが、勤務シフトとの兼ね合いや教室の立地、またそもそも日々の労働による疲労や情報不足などにより、希望者全員に学習の機会が与えられているわけではない。

日本語能力を身につけることは、直接的には労働および生活の場において必要とされる。だが、ベトナム人技能実習生の現実を鋭く描き出した澤田晃宏は、帰国後の就労や地位上昇に役立つのは「技能」などではなく、結局は就労の機会に身につけた日本語なのだと喝破する（澤田 二〇二〇：八三）。実際、ベトナム人を中心に、今後の見通しについては以下のような声が多く聞かれた。

日本語の教師になりたいです。日本の会社のなかで厳しい環境で働いたいろいろな経験が勉強になります。それに日本語もだんだん上手になります。（ベトナム・女）

ダナン市の日本語のセンターで日本語を教えるつもりです。（ベトナム・女）

大学で勉強した専門の関係の仕事を続けます。できれば、日本語も活かす仕事をやりたいと思います。（ベトナム・女）

もちろん、食品加工・縫製・介護を中心として、技能実習で習得した経験を母国で活かしたいという回答も存在する。だがやはり「技能」そのものではなく、日本の労働現場におけるルールや厳格さ、あるいは長時間勤務や切り詰めた生活といった、いわば「修行」を通じて習得した身体と精神の規律に重点をおいた回答が目立っているのも事実である。

（技能実習生制度が）役に立つのはすごく役に立つ。真面目になれる。徴兵のときのように厳しいのがいい。（ベトナム・男）

このプログラムを通して若者たちは先進的な国に来るチャンスがあるし、いろいろな経験を勉強できるし、帰国してから、貯金したお金は家族を助けることができるし、自分もよい将来がある。日本で働くことで日本人のような性格を身につけました。仕事するときはいつも真剣に働く。（ベトナム・女）

日本で体験したことはベトナムでいろいろな役に立ちます。たとえば自立心がついたし、状況を解決する能力が上がるし。仕事のなかで日本人の働くマナーも勉強になります。（ベトナム・女）

とにかく三年間、人としての意思と信念が鍛えられ、将来についてもっと明確な目標も立てられた。三年間を経て、自分が成長できて、仕事の経験も積んだ。日本に来て就職することに感謝したい。そのおかげで自分が成長したから。帰国しても、いい思い出になると思う。（中国・女）

技能実習生制度はよい制度。おかげでMatureになれた。（ベトナム・女）

こうした「成長」の語りからも、賃金とならんで蓄積することが期待されているのは、就労経験を通じて身につけた規律や自立心、そして日本語能力や異文化経験といった、「技能」以外の「資源」であることが見えてくる。本節中ほどでも示したように、自分の体験している、あるいは見聞きして知った技能実習生のおかれた逆境や困難も、こうした物語において自らをより強くするためのチャンスとして認識されるようになるのだ。

5　「流用」する／される実習生たち

豊岡市と同じ非集住地域のベトナム人技能実習生を調査した二階堂裕子は、日本での就労経験が実習生にもたらす（と期待される）ものは、本国では得難い現金収入に加え、「真摯な態度や安全性を重視した取り組みなど、労働に対する新たな認識」と「十分な日本語能力の獲得を条件とした帰国後の階層の上昇移動」であるとする（二階堂二〇一六：九八）。この指摘は本章で見てきたデータでも基本的に確認できる。こうした二つの要素は技能実習生本人のなかで綯いあわされ、「成長の物語」として認識され語られているわけである。本節では最後にこの観点からもう一度本章の議論を見直してみたい。

まず、労働や生活、そして日本社会全般に対して、基本的には肯定的な評価が大半を占めていたことは、こう考えればごく当然に見えてくる。もちろん、具体的な経験にまで立ち入ってみればさまざまな不満を感じていることも明らかになったが、そうした要素はこの物語においては、積極的に乗り越えてゆくべき障壁として後景におかれてしまう。「不満はある」が「満足している」、また「実習制度には問題がある」が「いい経験、また働きたい」という一見奇妙な回答の論理はここにある。自らの賃金や労働・生活環境を判断するための準拠枠組みとして、こうした物語が機能しているのだ。別の（母国の、あるいは日本の）基準からは「耐え難い」かもしれない諸々の事項も、この枠組みにおいては成長のための資源として解釈されうる。

同時にこうした機制が、新たに不満や要求を生み出している可能性も指摘できる。ある程度数値化できる日本語能力やスキルとは異なり、「成長」を判断する指標は存在せず、またそのための欲望自体は止めることはできないからだ。地域との交流、日本人との交友の少なさを嘆く声は、単に寂しさ（この表現は回答にしばしば現れる）を埋めるため、あるいは楽しみを求めているだけではなく、それ以上の「なにか」を資源として渇望する心の叫びなのかもしれない。また、「技能」それ自体よりも遥かに有用な日本語能力への期待値は、仕事や生活に必要な水準以上へと自ずと引き上げられざるをえないだろう。

「技能移転」という名目のもと、技能実習生たちは文字通り流用されてきた。制度が垂れ流すさまざまな問題が告発され、その欺瞞が明らかになった現在でも、そこに参入する者は増加しつつある。だがそれは、日本での労働と生活をくぐり抜けることで獲得されると想定される「成長」そのものを資源として流用しようとする実習生たちの思惑なしには維持されえないだろう。こうしたきわめて危ういバランスの流用の交錯のもとでかろうじて成立しているのが、外国人技能実習生制度だといえる。

現在豊岡市では、「多文化共生推進プラン」（二〇二二年〜）を策定し、地域社会の貴重な一員として外国人住民を位置づける制度を整備しつつある。従来ともすれば一時的な滞在者として不可視化されがちだった技能実習生たちの声も、こうしたプランには反映されている。調査において、将来的に日本での長期滞在・定住の意向を問うたところ、「思う」と答えたのは八二人中じつに三三人にのぼる。外国人技能実習制度はこれから大幅な変更・廃止を余儀なくされるが、そのとき豊岡市が、日本がふたたび「選ばれる」ためには、こうした歪んだ流用の相互関係が根本的に組み直されなければならない。

注

＊1　厚生労働省「外国人技能実習制度について」https://www.mhlw.go.jp/stf/seisakunitsuite/bunya/koyou_roudou/jinzaikaihatsu/global_cooperation/index.html（二〇二三年八月二三日閲覧）。

＊2　「国籍・地域別　在留資格（在留目的）別　在留外国人」https://www.e-stat.go.jp/stat-search/files?layout=datalist&lid=000141315 4&toukei=00250012&tstat=000001018034&tclass1=000001060399&cycle=1&year=20220&month=24101212&tclass2val=0&stat_infid=000040068461（二〇二三年八月二三日閲覧）。

＊3　こうした流れを受け、政府は二〇二四年二月に技能実習制度の廃止と、新たに「育成就労制度」の設立を決定した。この制

度が地域社会に与える影響を今後も注意深く見てゆく必要がある。

参考文献

崔博憲 二〇二一「外国人労働者から見える日本社会」伊藤泰郎他編『日本で働く――外国人労働者の視点から』松籟社、一一一―一二七頁。
澤田晃宏 二〇二〇『ルポ技能実習生』筑摩書房。
巣内尚子 二〇一九『奴隷労働――ベトナム人技能実習生の実態』花伝社。
鳥井一平 二〇二〇『国家と移民――外国人労働者と日本の未来』集英社。
二階堂裕子 二〇一六「『非集住地域』における日本語学習支援活動を通した外国人住民の支援と包摂――ベトナム人技能実習生の事例から」徳田剛他編『外国人住民の「非集住地域」の地域特性と生活課題――結節点としてのカトリック教会・日本語教室・民族学校の視点から』創風社出版、八一―一〇二頁。
安田峰俊 二〇二一『「低度」外国人材移民焼畑国家、日本』角川書店。

第3章 「ニッポンに住む」ということ
――就労から長期滞在、定住へ

齊藤　優

本章は近年、豊岡市に新たに転入してきた日系フィリピン人に着目し、彼らの就労や生活の様相から、移動の特徴を検討する。さらに、彼らの長期滞在をみこした定住化のプロセスを探ることを目的としている。加えて、同市における近年のフィリピン人人口の変動要因について、業務請負業者の事業展開に注目して検討する。

1　新しく流入してきた隣人――日系フィリピン人

日系フィリピン人の定義

一九四五年以前にフィリピンへ移住した日本人の子孫たちと、一九四五年以後に日比国際結婚により日系の資格を有するようになった世代の両方を日系フィリピン人と総称する。[*1] 一九四五年以前にフィリピンへ移住した日本人の子孫たちはおもに「日本人の配偶者等」の在留資格、「定住者」資格、「永住」資格などを有する。なかでも子ども世代は「日本人の配偶者等」の在留資格を、その配偶者や孫世代は「定住者」資格を取得している傾向にある。「定住者」資格保有者は配偶者と未成年かつ未婚の子どもを呼び寄せることが可能である。一九四五年以後に日比国際結婚により日系の資格を有するようになった世代も、「日本人の配偶者等」の在留資格、「定住者」資格を有している場合が多い。

日系フィリピン人の歴史的背景

太平洋戦争終了時までにフィリピンへ移住した日本人のなかにはフィリピン人と結婚し子どもをもうけた人たちがいる。そうした子ども世代はフィリピンで生まれ育ちながらも、日本人のルーツがある日系フィリピン人である。第二次世界大戦中に日本側として戦争協力をした背景から、戦後になると日系人を標的としたゲリラ襲撃が頻発した。そのため、日系人たちは自らのルーツを隠し生き延びることを余儀なくされていた（Ohno 2015, 大野 一九九二）。長い沈黙の後、フィリピンで「日系人」のアイデンティティが共有されたのは一九九五年ごろからであり、二〇〇〇年代になると、NPO法人「フィリピン日系人リーガルサポーター」が支援活動を本格化させ、来日する日系人が増加することとなる（高畑 二〇一六）。

二〇二二年豊岡市住民基本台帳データからみたフィリピン人の特徴

豊岡市の外国人住民九四二人のうち、フィリピン人は二〇七人と全体の五分の一を占めており、ベトナム人に次いで二番目に人口の多い集団となっている。*2 続いて、フィリピン人人口の男女別、年代別の傾向を確認する。フィ

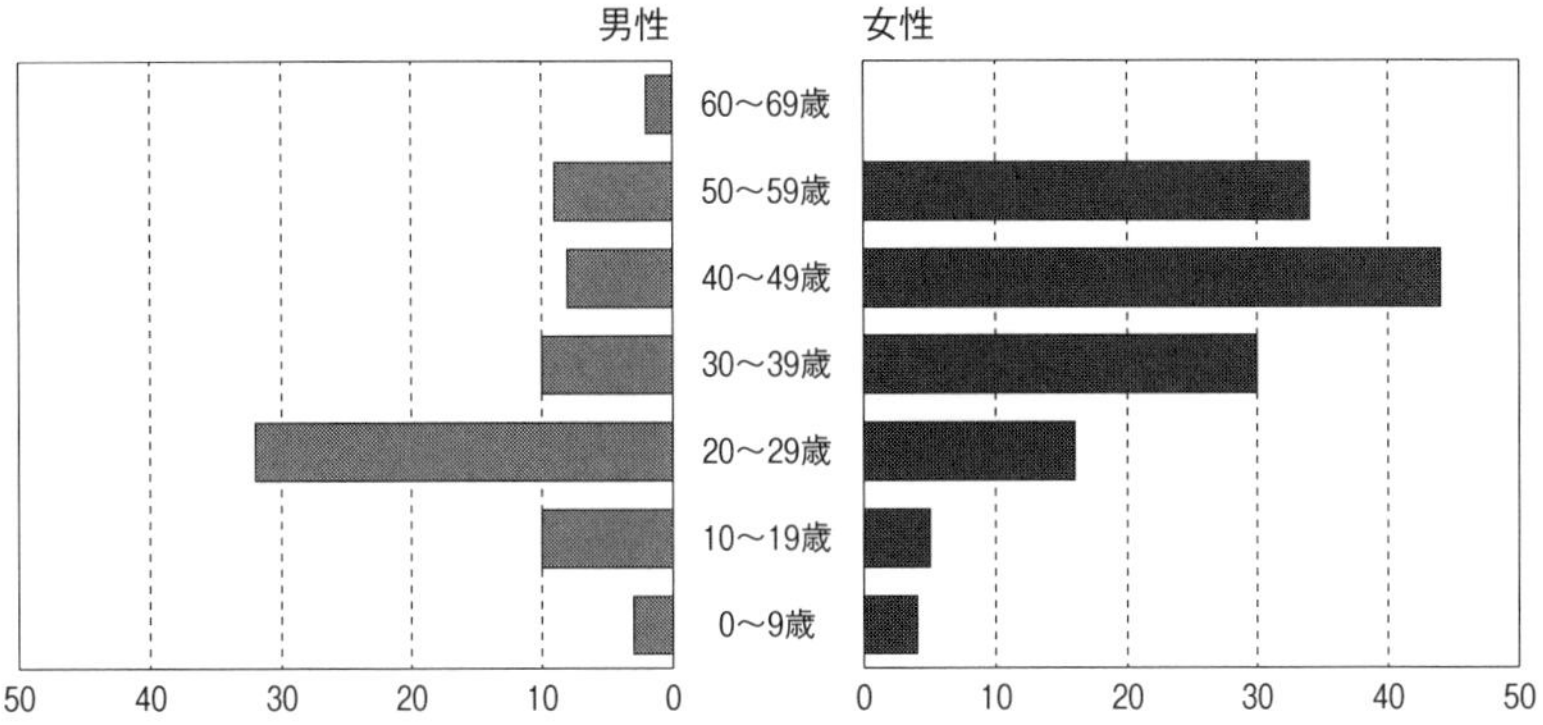

図3-1　男女別・年齢別にみた豊岡市におけるフィリピン人の人口分布（人）

出所：豊岡市住民基本台帳データ（2022年７月末時点）より作成。

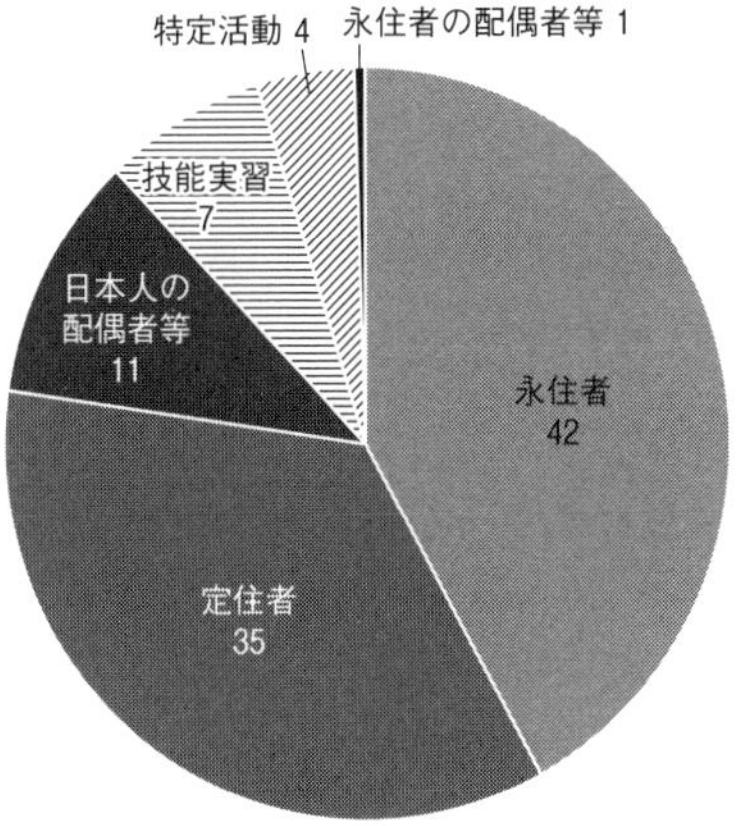

図3-2　在留資格別にみた豊岡市におけるフィリピン人の人口割合（%）

出所：豊岡市住民基本台帳データ（2022年７月末時点）より作成。

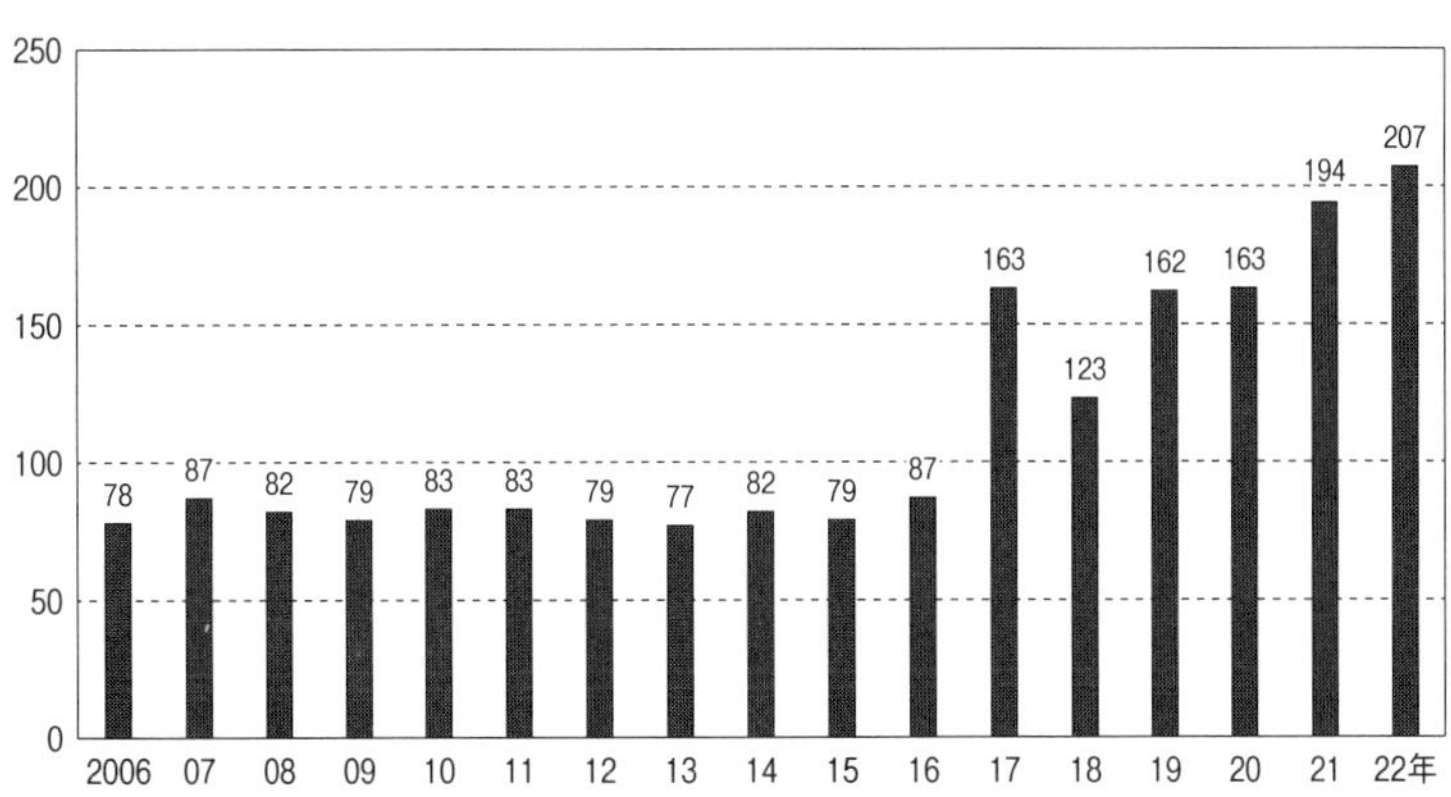

図3-3　豊岡市におけるフィリピン人の人口推移（人）

出所：豊岡市住民基本台帳データ（2022年７月末時点）より作成。

リピン人住民は男女別に見てみると、男対女＝一対二の分布となっており、女性が圧倒的に多い。三〇代、四〇代、五〇代女性の人口は豊岡市におけるフィリピン人住民の大半を占めている。また、男性は二〇代がもっとも多く、そのほかの世代は数人程度である（図3-1）。なお、「定住者」の在留資格だけに限った場合、男女はほぼ同数であり、特定の年代への偏りは見られなかった。[*3]

続いて、フィリピン人住民の在留資格における特徴を整理する。彼らが保有する在留資格でもっとも多いのは永住資格（四二％）、二番目は「定住者」資格（三五％）、三番目は日本人の配偶者等の在留資格（一一％）となっている（図3-2）。

近年のフィリピン人人口の移り変わりはどのようになっているだろうか。フィリピン人住民の人口は二〇〇六〜二〇一六年は八〇人程度で推移していたが、二〇一七年には約一六〇人に急増している。二〇一八年には約一二〇人に減少したが、二〇一九年では再度一六〇人程度に回復している。以降は右肩上がりで増加している。二〇二二年では、二〇一六年の倍以上となっている。以上のようにフィリピン人人口は二〇一七年以降、増減が大きくなっており、住民の出入りが激しいことが分かる（図3-3）。その要因となっているのは、おもに業務請負業者に雇用されている日系フィリピン人たちである。

2　日系フィリピン人の労働構造

豊岡市に居住するフィリピン人のなかで近年急増している日系フィリピン人の大多数は、特定の業務請負会社と雇用契約を結んでいる。彼らはどのような形で就労しているのだろうか。まず、厚生労働省・都道府県労働局（二〇一五）の説明に基づいて労働者派遣事業と業務請負業の違いについて簡単に整理しておこう。

労働者派遣事業とは、派遣会社が労働者派遣契約に基づいて派遣先企業へ労働者を送り出す業態である。ここでの雇用関係は、派遣会社と労働者の間で結ばれている。しかし、指揮命令関係については、労働者は派遣先企業の指揮命令を受ける。つまり、実際の業務においては、派遣会社の社員は派遣先企業の業務には従事しておらず、労働者は派遣先企業の指揮下で就労している。

一方、業務請負業は上記とは異なる指揮命令関係を有する。業務請負業における雇用関係は、業務請負業者と労働者の間で結ばれている。労働者は雇用主である業務請負業者の指揮命令に従って就労しており、注文主との間には指揮命令関係は生じない。この業態では業務請負業者の社員がライン請負している工場などで労働者とともに就労しており、労働者の管理や教育を行っている。

業務請負業者は人材派遣会社と混同されるが、法律上は異なるものとして扱われている。ただし、人材派遣業大手の製造請負への参入や業務請負業者による派遣登録などが行われており、両者の境界線は曖昧となってきている（厚生労働省・都道府県労働局 二〇一五）。

こうした業態は労働力を商品として扱う。そのため、新商品の開発などでは市場拡大は望むことができない。それゆえに、産業を成長させるためには、労働力を供給する部門の拡大や供給範囲を地理的に拡大させる必要がある（Peck et al. 2005）。この労働構造は、ブラジル人労働者たちがおかれている状況から見て取ることができる。

日系ブラジル人は日系フィリピン人よりも一足先に日本へデカセギに来ていた。バブル崩壊以前の彼らの職場はトヨタなどの大企業が立地する愛知県や静岡県での就労が主であった。しかし、バブル崩壊後は市場拡大の一環としてまだブラジル人の少なかった長野県や三重県、岐阜県へと地理的に拡大していっており、産業の中心地域から従属的な地位にある周辺地域への市場拡大が見られた（樋口 二〇〇二）。豊岡市で見られる近年のフィリピン人の急増はこうした流れを汲むものであると考えられる。

資料の概要

豊岡市におけるフィリピン人に関する調査は、質問紙調査と聞き取り調査を組み合わせるかたちで行われた。質問紙調査について、外国人住民個人調査票（序を参照）のなかから、フィリピン人住民のみの回答を抽出すると、送付数一三三件、有効回収数四六件、回収率三五％である。この質問紙の回答から、日系人（一九件）、国際結婚（二三件）、その他四件に分類し分析を行った。

フィリピン人住民への聞き取り調査は、二〇一九年九月、一二月、二〇二〇年一月、二月、一二月の期間に一八人へ実施した。各人に対して半構造化の手法を用いた聞き取りを一〜二時間程度行った。この一八人の内訳は聞き取りの内容に基づき、日系人八人、国際結婚七人、その他三人である。

加えて、フィリピン人を多数雇用する業務請負業者Aに対し、二〇二二年八月、九月に聞き取り調査を二度行った。一度目は日本人社員から業務形態や雇用状況などの情報提供を受けた。二度目はフィリピン人従業員の通訳や生活全般の支援を担当するフィリピン人社員への聞き取りを行った。また、事業所調査（詳細は第一章を参照されたい）のなかで、請負先である製造業の企業に対して行った質問紙調査も用いる。

次節以降では具体的な調査内容から日系フィリピン人の移動と就労や生活の様子を見てゆこう。

3　豊岡市への移動の経緯

個人調査票の回答から見えてきた日系フィリピン人の移動の特徴は、豊岡市での居住年数の短さと豊岡市以外での居住経験である。豊岡市での居住年数については、個人調査票に回答した日系人一九人全員が三年未満であった。さらに、無回答者を除く一七人が豊岡市以外の別の市町村での居住経験があると回答していた。こうした特徴から、日系フィリピン人は近年、豊岡市に移り住んだ人たちであるといえるだろう。具体的な移動の様相について見てゆこう。なお、本節で紹介する名前はすべて仮名となっている。

アンヘルの移動の経緯

アンヘル（五〇代・男）は、いくつかの都市での生活を経て、豊岡市へやってきた。彼は現在、妻と子どもと共に豊岡市で生活している。アンヘルの祖父は日本人、祖母はフィリピン人。母親が日比のハーフで、自身は日系三世で、「定住者」資格を取得している。彼の来日、および豊岡市で生活することとなった経緯を見てゆこう。

アンヘルは二〇一三年に初来日し、約一年間、埼玉県と神奈川県で生活していた。その後フィリピンに戻り、二〇一七年に再度来日した。初来日のさいは単身であったが、二度目の来日は妻と長男を伴っていた。二度目の来日では、まず広島県で生活を始めており、県内の工場で就労していた。その工場での業務が重労働であったために、アンヘルは腰を痛めてしまう。そこで、一家は別の仕事に就くことを決断した。そのさいには、日本での就労先を探すフィリピン人向けのサイトを利用し、別の就職先を探した。そのなかで見つけたのが豊岡市での仕事であった。

フィリピン人のコーディネーターがいて、その人と（電話で）話した。新しい仕事が始まるところで、フィリピン人の同僚もいると言っていた。その人は信頼できる人だと思ったから、豊岡へ行くことに決めたよ。（中略）その人とは顔を合わせていないし、（次の職場となる）工場を見たこともない。やってきて初めて（職場を）見たよ。[*4]

アンヘル一家は二〇一七年に数月間広島県で生活した後、豊岡市へ移動してきた。このときは引っ越し費用を雇用契約を交わした人材派遣会社が負担してくれており、費用面において移動が容易となった。アンヘルの発言から読み取れることは、インターネットの求人サイトに掲載されている選択肢のなかから、自分の条件に合う就労先を探した結果、兵庫県豊岡市へ移動してきたということである。

ビリーの移動の経緯

ビリー（三〇代・男）は四年ほど前に単身で来日した。祖父はダバオに移民しており、日本兵として第二次世界大戦に参戦した。祖父とは一緒に住んだことはないものの、子どものころに会ったことがあるそうだ。所持する在留資格は「日本人の配偶者等」である。[*5]

来日当初は人材派遣会社を通して愛知県岡崎市にある自動車関係の工場に勤務していた。豊岡市へは現在雇用されている業務請負業者の求人がきっかけで移り住んできた。移り住んだ二〇一六年ごろは職場にフィリピン人は数人程度しかいなかったが、その後急速に人数が増加した。豊岡に来てから甥が二人来日し、同じ工場で働いていたが、そのうち一人は転職し滋賀へ移っていった。

ビリーはフィリピンで大学を卒業し、ケソン市にある病院の検査技師をしていた。日本ではフィリピンで取得した資格や経験を活かす仕事に就くことができないが、給料がいいので来日を選択した。また、すでにきょうだいたちが日本に移り住んでいたことも来日を後押しした。きょうだいは五人で、一〇年以上前から順番に来日し、今は長兄以外四人が日本で生活している。

彼は将来も日本で住み続けたいと考えている。その理由としては、フィリピンへ帰ったとしても前の職に復帰することができないので、フィリピンに帰っても仕方がないと感じているからだ。できれば、日本で自分のもっている専門性や資格を活かせる仕事に就きたいと思っている。しかしながら、現状では日本での専門用語も分からないし、日本人と十分にコミュニケーションもとれないため、難しいだろうと考えている。

クリスの移動の経緯

クリス（五〇代・男）は一五年ほど前にきょうだいと一緒に来日した。祖父が日本人で、父親が日本人とフィリピン人とのハーフの二世、自身は日系三世である。きょうだいは一〇人おり、そのうち八人が日本で働いている。初来日の地は山口県。クリスはそこで一〇年ほど生活し、数年前に豊岡へ移り住んだ。子どもは四人おり、そのうち三人が日本で就労している。妻と子どもたちは三重県松阪市の工場に勤務しているため、豊岡では単身で生活している。クリスは松阪市の工場の仕事が好きではないためで、豊岡で就労することを選択した。

豊岡にはきょうだいのうち二人が住んでいる。彼らは配偶者や子どもと一緒に暮らしており、近くに親族がいるから一人で暮らしていても寂しくないそうだ。ファミリーとしては一〇人くらいが豊岡で暮らしている。仕事の機会があることを親族に話したところ、別の府県で働いていたきょうだいが集結したかたちである。また、二〇二二年には自身を含めたきょうだい三人が日本国籍を取得した。そのおかげで姪や甥をフィリピンから日本へ呼び寄せることができるようになった。全員が同一の業務請負業者から雇用されている。これからも日本で暮らしていきたいと考えている。

アンヘル、ビリー、クリス共に日系人であり、来日後は人材派遣会社および業務請負業者を利用した就労・転職を繰り返している。彼らは豊岡市に移動後、自身が就労する企業からさらなる求人が出ていることを知ると、積極的にその情報を親族に伝えており、豊岡市への移動を促している。そうした情報共有の対象は、日本ですでに就労している親族や条件の合致するフィリピンにいる親族などである。その結果、アンヘルの場合は叔父、ビリーの場合は二人の甥、クリスの場合は二人のきょうだいやその家族が豊岡市へ移り住むことを選択した。そして彼らは全員同一の業務請負業者から雇用されている。

以上のように、豊岡市で生活する日系フィリピン人は業務請負業者からの就労を契機として近年、新たに移動してきた人たちである。

4　豊岡市での暮らし

本節では豊岡市で暮らす日系フィリピン人がどのように就労し、どのように生活しているのかを見てゆく。

就業形態

フィリピン人を多数雇用する業務請負業者への聞き取りによると、二〇二二年八月時点で、この業者は約九〇人のフィリピン人を雇用している。単純に見積もったとして、豊岡市のフィリピン人人口の約半数を占めている。配偶者やその子どもなどを含めると、この業者に関係するフィリピン人はさらに多くなると思われる。

フィリピン人従業員は豊岡市内の製造業の工場と朝来市内の製造業の工場の二か所で就労している。豊岡市内の工場については、二四時間稼働であるため、従業員は交代制で勤務している。工場には業務請負業者のフィリピン人社員がおり、その社員が従業員の労務管理を行っている。そのため、フィリピン人従業員は母語で職務に関する説明などを受けることができる環境が整っており、日本語が不自由であっても就労することが可能となっている。

これまでの聞き取り調査や事業所調査の結果から、豊岡市におけるフィリピン人人口の急増と、製造業の企業（業務請負先）が多数のフィリピン人を雇用し始める時期が一致していることが分かった。業務請負業者は請負先の生産体制に合わせた雇用調整を行っており、その人員の変動とフィリピン人人口の増減がリンクしている。以上から分かることは、事業所の雇用判断がフィリピン人人口の変化に多大な影響を与えていること、そして雇用されている企業に大きな偏りが見られることである。

生活の様子

続いて、日系フィリピン人の生活の様子を見てゆこう。日系フィリピン人たちはおもに業務請負業者が提供する寮に居住している。日系人たちは単身者だけでなく、ファミリーで同居する人たちも少なくない。そのため、寮も2ＬＤＫや3ＬＤＫといった家族向けの住居が多く提供されている。豊岡市内では、徒歩圏内にスーパーがあり、かつ家族向け物件は、場所が限られてくる。また、送迎バスの利便性という要素も合わさり、日系フィリピン人たちは市内の特定箇所に集住するかたちとなっている。世帯構成員について見てみると、全員がフィリピン人という構成が主となっている。職場ではフィリピン人に囲まれたなかで働き、フィリピン人同士で暮らす自宅に帰る。また、来日後の出産や就学児の呼び寄せなどによって外国籍の子どもが増加しつつある。

このような環境下で生活しているため、一見すると、日本語を必要としない環境で生活しているように見える。実際に日本語が不自由でも困らないのかというと、そうではないことが聞き取り調査からうかがえた。多く上がってきた声は市役所での手続きや書類の記入についてである。その一例としてビリーの語りを紹介したい。

日常生活で困っているのは、日本語が読めないので、書類を提出したり、手紙・文書を読んだりすることができないこと。日常生活のなかで住民票や税金関係などの書類を書いたり、申請したりする必要があるが、こうした申請書類には英語で書き方の説明がなされていないので、書くのに困ってしまう。豊岡市役所の書類申請の場所では、そのような外国人向けの配慮がなされていない（通訳のサービスもない）。市役所では英語を話せる人がいるか聞いて、英語を話せる人に書き方などを教えてもらう。たまに、代わりに書いてくれる人もいる。英語の戸籍謄本をとるときなどに、英語のフォーマットがあればすごく助かる。住民票、課税・納税証明書等についても、英語のフォーマットがあるといいなと思う。日本語での書き方の説明があるが、英語ではない。会社がやってくれる範囲は限られているので、自分でどうにかしなければならいことが多い。市役所には結構行く機会が多い。[*6]

ビリーは来日して四年ほどたつが、日本語でのコミュニケーションは依然として難しいと感じている。書類などの手続きにはその何倍も困難を感じている様子が見て取れる。

業務請負業者のフィリピン人社員はそうした日本語に不自由な従業員のサポートを行っているが、人員が限られているため、すべての機会をサポートすることは難しいようである。業務請負業者が行っている生活支援は、就職するさいの引っ越しの手伝いから始まり、豊岡市に転居してからは市役所での各種手続きの同行および通訳、給与振込をする銀行口座の開設、転入学をする子どもがいる場合はその手続きなどがあげられる。実際に請負先企業で労働するときには別のフィリピン人社員が内容説明などの通訳を担当する。日常生活のなかでは、病院への付き添いや電話での通訳も行う。さらに、在留資格を更新する場合は従業員を入管まで連れてゆくこともしている。こうした業務を一人のフィリピン人社員が担当しているため、とても手が回らないそうである。いいかえると、日本語が不自由な日系フィリピン人が豊岡市で生活してゆくためには、細やかなサポートが必要だということの裏返しともいえるだろう。

日系フィリピン人の定住化の可能性

豊岡市に居住する日系フィリピン人たちは雇用先が特定の企業に集中している。さらに、豊岡市において外国人を雇用する人材派遣会社や業務請負業者は事業所A以外には見受けられない。そのため、この事業所との契約が解消された場合、別の就労先を豊岡市周辺で見つけることは困難な可能性が高い。

調査対象の日系フィリピン人は日本で生活し続けるために、雇用機会に合わせて国内移動を繰り返している。彼らの雇用機会は業務請負業者や労働者派遣会社から提供されるものが主となっている。そのため、日本国内に点在する業務請負業者や労働者派遣会社のもつネットワークを通して日本社会と接しながら、日本国内を渡り歩いている。つまり、一企業の経営戦略が地方都市における外国人の状況について、大きな変容をもたらす可能性がある。

加えて、日系フィリピン人の豊岡市での居住年数が長期化する場合には、子どもの教育の問題やキャリア形成に関わる課題、渡日第一世代の高齢化など、「定住外国人特有の課題」が生じる可能性がある。日系フィリピン人たちは豊岡市で長期的に生活することを選択するのか、別の市町村への移動を選択するのか、彼らのこれからの動向に注目していきたい。

注

＊1　一九四五年以後に日比国際結婚により日系の資格を有するようになった世代については、「新日系人」と表現する研究もある。Takahata（2018）、飯島・大野（二〇一〇）ほか。

＊2　豊岡市住民基本台帳データ（二〇二二年七月末時点）に基づく。

＊3　豊岡市住民基本台帳データ（二〇二二年七月末時点）に基づく。

＊4　二〇二〇年一二月、ZOOMによる聞き取り。英語による聞き取りを筆者が翻訳した。括弧内は筆者による補足説明。

＊5　ビリーの親が日本の戸籍に記載されているため、その子であるビリーは「日本人の配偶者等」の在留資格を取得している。

＊6　二〇二一年一月、タガログ語の通訳に同席してもらい聞き取りを実施した。なお、二〇二三年四月より市役所市民課に英語・タガログ語などのできる職員が配置されており、支援体制が強化されている。

参考文献

飯島真里子・大野俊　二〇一〇「フィリピン日系『帰還』移民の生活・市民権・アイデンティティ――質問票による全国実態調査結果（概要）を中心に」『九州大学アジア総合研究政策センター紀要』四：三五―五四。

大野俊　一九九一『ハポン――フィリピン日系人の長い戦後』第三書館。

厚生労働省・都道府県労働局　二〇一五「労働者派遣・請負を適正に行うためのガイド」chrome-extension://efaidnbmnnnibpcajpcglclefindmkaj/https://www.mhlw.go.jp/file/06-Seisakujouhou-11600000-Shokugyouanteikyoku/0000078287.pdf（二〇二三年六月八日取得）。

高畑幸　二〇一六「浜松市におけるフィリピン人コミュニティの現状と課題――日系人の増加を中心に」『国際関係・比較文化研究』一四（二）：一九一―二〇三。

樋口直人　二〇〇二「国際移民におけるメゾレベルの位置づけ――マクロ－ミクロモデルをこえて」『社会学評論』五二（四）：五五八―五七二。

Ohno, S. 2015. *Transforming Nikkeijin Identity and Citizenship*：*Untold Life Histories of Japanese Migrants and their Descendants in the Philippines, 1903–2013*. Quezon City：Ateneo de Manila University Press.

Peck, J., Theodore, N., and Ward, K. 2005. Constructing Markets for Temporary Labour：Employment Liberalization and the Internationalization of the Staffing Industry. *Global Networks* 5(1)：3–26.

Takahata, S. 2018. Issues for the Future Study of Filipino Immigrants in Japan：A Review of Literature since the 2000's. *Social Theory and Dynamics* 2：122–138.

【インタビュー1】

宿泊業での外国人受入の経験――「湯のまち城崎」

河股ナオミさん（株式会社「湯のまち城崎」職員）

――湯のまち城崎では、城崎地域の各旅館が現場で外国人を受け入れるにあたり、その窓口となって支援活動をされていると伺っています。現在（インタビュー時：二〇二二年八月）は、どのような支援をされていますか。

河股　海外の大学から来るインターンシップ生の受入支援と、特定技能の登録支援を行っています。今はベトナムと台湾の大学からのインターンシップ生と、ベトナム、韓国、台湾出身の特定技能の人たちの支援を行っています。どちらの場合も、私たちが彼・彼女らと各旅館とのあいだに入り、さまざまな書類手続きや現場でのやりとり、生活に関する相談などの支援業務に従事しています。インターンシップ生が城崎に来た直後には、転入の手続き、銀行口座の開設、インターンシップでの研修に関するオリエンテーションを行っています。そのあとで、各旅館に分かれて研修を受けることになります。

――河股さんは、いつごろから湯のまち城崎で外国人の支援業務を行うようになったのですか。

河股　私は二〇一二年に湯のまち城崎が設立されてまもなく入社し、二〇一七年に初めてインターンシップ生の受け入れを始めたときから、この業務に従事しています。

――インターンシップ生とは、日常的にやりとりすることがありますか。

河股　インターンシップのカリキュラムと、研修時間の下限が決まっているので、その確認のため毎月来てもらうようにしています。コロナ禍で研修時間の確保が難しくなった部分があるのですが、あくまでカリキュラムがあるので、その部分がきちんと確保されているかを確認しています。そのついでに、近況などの話を聞いています。反対に、旅館の人たちと相互に理解ができていないと思われるときには、通訳を交えて話をしています。旅館からは、何かあればこちらに電話がかかってくるのですが、インターンシップ生が体調不良ということで連絡が来ることもあります。あるときは付き添いで病院にも行きました。

――通訳はどのような人にお願いしているのですか。

河股　ベトナムの大学からのインターンシップは、ベトナム側の送出機関と一緒に仕事をしているので、その機関で雇用されているベトナム人通訳に電話をかけて話をしてもらっています。台湾からはすでに城崎で特定技能や正社員として働いている人たちがいるので、その人たちにあいだに入ってもらっています。

――インターンシップ生の受入支援を続けるなかで、何か苦労されたことはありますか。

河股　インターンシップの趣旨については、受け入れが続くうちにインターンシップ生を受け入れている旅館のあいだで理解が進みました。一方で旅館の現場では、長く働いているお姉さんたちにとって、一年間で入れ替わるインターンシップ生たちにそのつど一から仕事を教えるというのは、はじめは容易なことでなかったと思います。母国で標準語の日本語を学んできたインターンシップ生たちが、現場で話される方言が分からず戸惑った、ということも最初はありました。しかしスタッフにはそのお姉さんたちを含めて年配の人が多いので、インターンシップ生を受け入れることで「孫が来た！」みたいに活気が出て、いろいろなところやお祭りなどに遊びに連れて行ってくれることもあります。

――インターンシップ生向けのレクリエーションは何か実施していますか。

河股　各旅館で休館日に個別でいろいろと遊びに連れて行ってくれたりしていますが、湯のまち城崎ではコロナになる前までバスを借りてみんなで京都まで研修旅行に行っていました。コロナが流行ってからの二年間は、一時期インターンシップ生の人数が減ったこともあり、電車で行きました。京都ではまずインターンシップ生たちが絶対に行きたいと言っている伏見稲荷に行きます。それから祇園に行き、八坂神社や清水寺のあたりでしばらく分かれて個人行動にします。とくにベトナムの子たちはコロナ禍で京都行きが初めての遠出だったりしたので、とても喜んでいました。ほかにインターンシップ生が利用できるものとして、たとえば城崎住民向けの温泉入浴券があります。

――今後に向けて、インターンシップのことで何か課題はありますか。

河股　日本語と日本文化を学ぶことも研修の目的に含まれているので、日本語をもっと上手になって帰ってほしいです。現場で身につく言葉はどうしても方言が多くなるので、湯のまち城崎から委託して日本語教室を開講したり、日本語検定を受験するために自分で勉強している子もいます。日本語検定試験については、試験日が旅館の繁忙期と重なることがあるので、あらかじめ旅館の女将さんにも伝えています。

――現在、旅館や地域の人たちはインターンシップをどう考えていますか。

河股　インターンシップに参加した旅館は、基本的にどこも受け入れを継続しています。いちど受け入れてみて、もう受け入れたくない、と言っている旅館はありません。ただしコロナのときは、研修ができず新規受入を停止したところがあったり、営業縮小の影響で研修時間の確保が難しい時期があったりしました。また、インターンシップ生には来てほしいが寮がなくて受け入れられない、という旅館もあります。そこで今、空き家を湯のまち城崎で借りて、リフォームしてシェアハウスのような新しい寮を建てています。

また、それ以前から外国人労働者の人はいらっしゃいましたが、どこの旅館にどのような人がいるのか、噂レベルでしか分かりませんでした。しかしインターンシップ生の受け入れが続くなかで、町民のいろいろな人が学生がどういう目的でどこから来たのかを機会あるごとに説明してくれるようになり、学生たち自身も住民に元気な挨拶をしたり、いつのまにか顔なじみの店をつくったりしています。そうするなかで、次第に興味をもってくれる人が増えてきました。そして研修が終わるころには、旅館の内外で旅行や送別会、修了式などお別れの機会があり、学生たちは惜しまれて帰国していきます。

コロナ禍では外国人観光客の姿を見なくなりました。しかし温泉街に暮らす外国人の人たちの姿に、違和感を覚える人は減ってきているかもしれません。そしてそれは、若い学生たちの異国での頑張りがあったことも影響しているのかもしれません。

――貴重なお話をありがとうございました。

（聞き手：梅村麦生・小林和美・平井晶子、作成：梅村麦生）

第II部 暮らしとネットワーク

——家族・友人・NPO・行政、過去と未来

第4章 豊岡に来た背景と将来像

徳宮俊貴

1 多様な背景と将来像

第Ⅰ部では「仕事」に焦点をあてて、豊岡に生きる外国人住民たちの実態を見てきた。第Ⅱ部では、現在の「暮らし」と「ネットワーク」の多様さを取り上げる。もちろんその裏には、一人一人の豊岡に来るまでの「背景」の多様さがあるし、さらにそのような背景と現在の多様さのもとで、彼ら彼女らの描く「将来像」もまた多様さを示している。「現在」の暮らしやネットワークを具体的に論じるに先だって、本章では、そこにつながる背景と将来像の多様さを確認するとともに、若干の展望を試みることにしよう。

豊岡市と神戸大学による共同事業「外国人住民に関する調査研究」の二〇一九年度調査では、在留資格や職種によって背景や将来像のパターンに違いが見られることが示唆された。一人一人の人生の多様さを類型に押しこめるような記述はもちろん避けねばならないが、本章ではひとまずの見取り図を描くため、便宜上いくつかのグループに区分しておきたい。日本における在留資格は「身分又は地位に基づく在留資格」と「活動に基づく在留資格」に二分される。石田賢示は日本在住外国人の教育達成を調査する際、それを①特別永住者、②永住者、日本人の配偶者、定住者、③一定水準の知識・技術に基づく就労に関する在留資格、④家族滞在、留学、技能実習の四グループに区分した（石田 二〇二一：四六）。本章では、これら二つの分類をもとにおおよそ次のような区分を想定することにしよう。[*1] なお、以下で記載する人口数や割合は、二〇二二年七月末時点の豊岡市住民基本台帳に基づく。

技能実習生、特定技能外国人、インターンシップ生――働く外国人の代表格

第一に、「活動に基づく在留資格」を有する住民のうち、技能実習生（在留資格「技能実習」）、インターンシップ生（在留資格「特定活動」）、留学生（在留資格「留学」）、ならびにこれらの人々の家族（在留資格「家族滞在」）を典型とするような住民たち。豊岡市においては、外国人住民全体の約三割が技能実習生であり、このグループのなかでも代表格である。インターンシップ生も全国と比べると割合が高く、観光業が主要産業の一つである豊岡市の特徴を反映して、とくに宿泊業を中心にインターンシップを活用する事業所が増えている（第一章）。反対に留学や家族滞在は少ない（豊岡市 二〇二〇：八、一〇三―一〇五）。豊岡市の技能実習生はベトナム人（一六八人、約五割）がもっとも多く、以下インドネシア人（四六人、約一・五割）、中国人（四〇人、約一割）と続く。インターンシップ生は台湾出身者を中心にアジアのさまざまな国・地域から来ている。また、二〇一九年から制度運用が始まった在留資格「特定技能」を有する人々（いわゆる特定技能外国人）も、このグループに含めることとする。

元技能実習生、元インターンシップ生ほか——さまざまな専門性をもつ人たち

第二に、同じく「活動に基づく在留資格」を有する住民のうち、石田のいう一定水準の知識や技術を必要とする職種に就いている住民たち。豊岡市では、製造業や宿泊業などの正社員または契約社員（在留資格「技術・人文知識・国際業務」ほか）、外国語指導助手（ＡＬＴ、在留資格「教育」ほか）、国際交流員、ＥＰＡ介護福祉士候補者（在留資格「特定活動」）、エスニック料理店経営者（在留資格「経営・管理」）や調理人、スポーツトレーナー（在留資格「技能」ほか）など、さまざまな現場で外国人住民が活躍している。このグループは中国、台湾やベトナムのほか、ミャンマー、ネパールなどのアジア系や、アメリカ、カナダなど欧米系の人々も一定数見られる点に特徴がある。現在のところ人数は比較的少ないものの、将来的に増加することが予想される注目すべき存在だといえる。

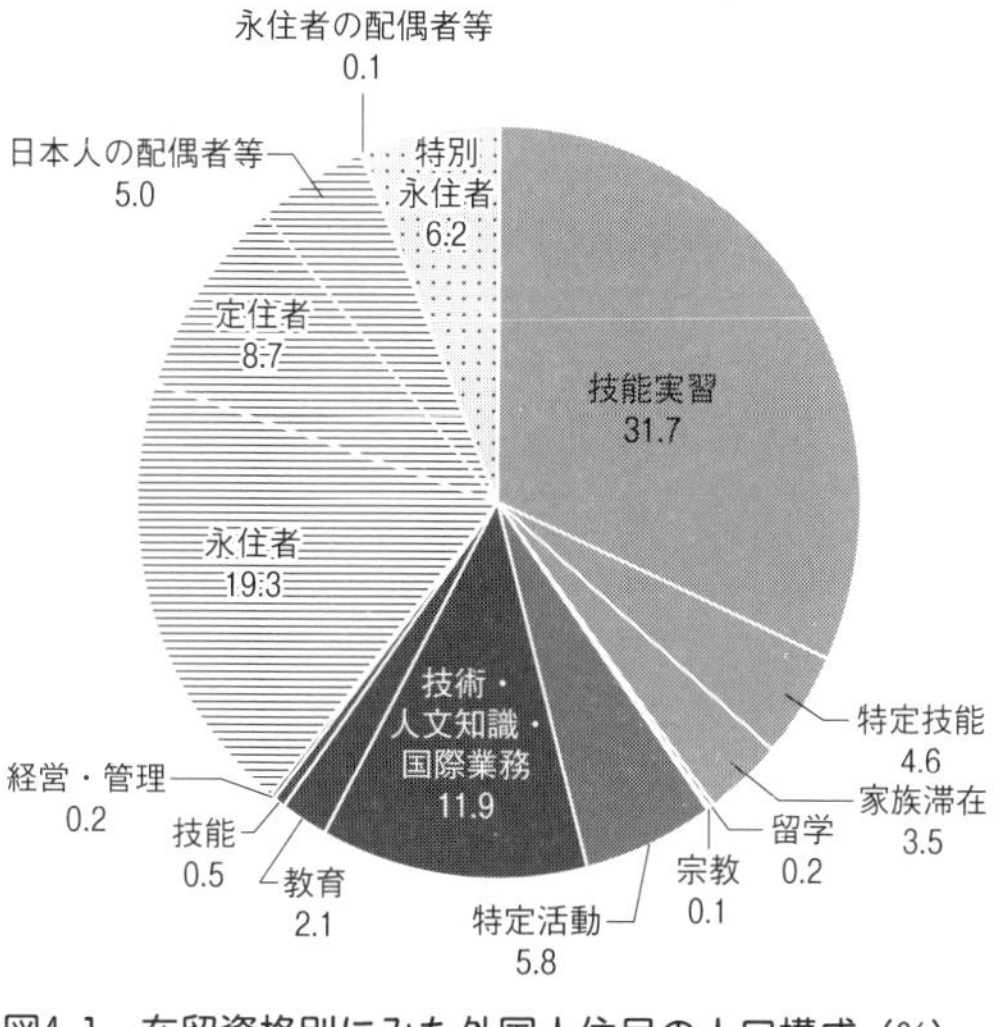

図4-1　在留資格別にみた外国人住民の人口構成（%）

出所：豊岡市外国籍情報（2022年７月末）より作成。
注：「特定活動」については本文注２を参照。

国際結婚、日系人たち

第三に、「身分又は地位に基づく在留資格」、具体的には「永住者」「永住者の配偶者等」「日本人の配偶者等」「定住者」の資格を有する住民たち。仕事のほか、日本人との国際結婚によって豊岡市に移住した人々も含むこのグループは、フィリピン籍（日系人を含む）がもっとも多く、それにつぐ中国籍とあわせると大半を占めるが、ほかにもベトナム、タイ、台湾、インドネシア、モンゴルなどのアジア系から、アメリカ、オーストラリア、カナダ、イタリアなど欧米系まで、若干名ずつではあるが国籍の幅は広い（豊岡市 二〇二〇：一三二）。

ひとまとめに紹介したが、同じ資格でも豊岡市での居住年数が一〇年以上の世代と五年未満の世代でかなり異なる特徴をもっていることが二〇一九年度調査で明らかになった。前者は日本人男性との国際結婚をへて豊岡市に定着した三〇代以上の女性たちを典型とする一方、後者は日系フィリピン人男性四割を含み、日本国内（豊岡市外）から転入してきた、より新しい世代である（豊岡市 二〇二〇：一三二―一三三）。また前者の新規流入は二〇〇〇年代をピークに減少傾向にあるのに対し、後者は今後ますます増加することが見込まれる（五年以上一〇年未満の世代は、両者の特徴が入り混じった中間世代にあたる）。

さて、以上三つのグループの人口比は図4-1のようになる。ただし本章の記述は、量的な一般性よりも質的な多様性を重視している。なお、本章で登場する住民たちのより具体的な事例については、第二章、第三章、第五章、第六章をも参照されたい。

2　豊岡に来た背景

第二節と第三節では、外国人住民たちの背景と将来像を、二〇一九年度調査における聞き取り調査および質問紙調査に基づいて見ていく。

技能実習生——出稼ぎの常態化

第一のグループに多いのは、技能実習生とインターンシップ生である（インターンシップ生については後述）。技能実習生は、母国側の送出機関と日本側の監理団体を介して受入企業に就労する。入国後はまず所定の機関で一か月間の講習を受けねばならないため、豊岡市に来る前に、鳥取県、岡山県、広島県など近隣県での居住経験のある実習生が大半であるが、母国から直接豊岡市に来るケースもある。たとえば漁業関係の実習生たちは、一次監理団体が石川県にあるものの二次監理団体が但馬漁協であることから、一か月間の講習も（一次監理団体から講師が派遣されるかたちで）豊岡市で受けている。

前節で先述したとおり、豊岡市における技能実習生はベトナム人、インドネシア人、中国人が多いわけだが、それぞれの出身地域の傾向を見てみると、ベトナム人の出身は大都市（ハノイやホーチミン）とその近郊農村を中心に地方の中小都市や農村部にまで広がっている。中国はおもに沿岸部（山東省・江蘇省・浙江省など）であるが、近年は中国国内での実習生の確保が難しくなってきており、地方都市や内陸部へ移行しつつある。インドネシアは人口密集地（西スマトラ州・中央ジャワ州・西ジャワ州など）が主流である。豊岡市で漁業に従事する技能実習生はすべてインドネシア出身であり、地方の漁村から航海・水産・漁業関係の職業高校を出た者も少なくない。技能実習生制度の情報源は、家族親族や友人のほかインターネットやSNSである。また観光業や農業では学校や教員からの紹介もあるようだ（徳宮 二〇二一）。

海外への出稼ぎといえば、故郷の貧しい家族を養うこと（だけ）を至上目的としているような印象があるが、じつは必ずしもそうではない。家庭環境についてベトナム人技能実習生に聞き取りを行ったところ、経済的に厳しい世帯層から比較的裕福な層まで経済階層に大きなひらきがあるという結果が得られた。[*2] とくにベトナムでは、送出機関がさまざまな口実で法外に高額な手数料をとることが常態化しており[*3]（斉藤 二〇一八：一六一―一七）、それらの支払いさえ困難な階層の人々はそもそも技能実習を選択することができないと推察される（ベトナムほどではないにせよ送出機関への支払いは各国に見られる）。もっと直接に渡日の動機についても聞き取りを行ったが、「お金を稼ぐため」「家族を援助するため」という回答はもっとも多いものの、これに加えて「日本の生活や文化を経験したい」「日本語や日本流の働き方を身につけたい」と回答した者も多かった（第五章）。さらに、出身地域から日本を含む国内外へ出稼ぎに行く人が一割以上（なかには三割以上）いると、聞き取りを行った実習生の過半数が回答した。ベトナム人実習生への聞き取りでは、ほぼ四人に一人の割合で、同級生の半数以上が出稼ぎに行ったと回答した。こうしたことから、経済生活上の逼迫だけでなく、「周りの人が出稼ぎに行くから、自分も」という動機で技能実習を選択していると推察される。

インターンシップ生――派遣先としての豊岡

つぎにインターンシップ生について。豊岡市のなかでも全国有数の観光名所として知られる城崎では、訪日外国人客（インバウンド）の増加を背景に地元の観光・商工関連団体が合同で出資して二〇一二年に設立した民間まちづくり機関「湯のまち城崎」が、各国の大学と提携を結ぶなどして外国からのインターンシップの受入窓口となっている（インタビュー1）。前節で述べたとおり、中国・台湾を中心に、ベトナム、インドネシア、タイ、フィリピン、ミャンマー、キルギスなどアジアのさまざまな国・地域からインターンシップ生が来ており、その多寡は年ごとに変動する（二〇一九年度調査時点で一八人いた台湾出身者が二〇二二年七月末は八人に減少するなど、近年は新型コロナウイルス感染症流行の影響も見られる）。インターンシップ生のほとんどは母国の大学で観光マネジメントやホテル業務を学んでおり、所定の研修の一環として大学から派遣されるわけだが、大学で日本語を専攻し大学が紹介したプログラムに応募してインターンシップ生となるケースも一部にはある。研修先は大学が割り振るか、または提携企業の斡旋によるものがほとんどであるため、インターンシップ生たちは豊岡市（城崎）に対する事前イメージをとりたててもっていないのが大半であるが、本人たちに聞き取りを行ったところ、「日本に行けるならどこでもよかった」という声も聞かれた。

第三節で後述するように、技能実習生やインターンシップ生は、実習・研修期間の終了にともない帰国するが、その後、特定技能外国人や正社員・契約社員としてふたたび豊岡市内で就労する事例もある。なお、特定技能外国人については、豊岡市内外で技能実習を経験した人や、（調理師などの専門学校の）留学生が卒業し就職するさいの経路にもなっている。

外国語指導助手（ALT）、国際交流員、スポーツトレーナー――活躍の場を求めて

豊岡市では、元技能実習生、元インターンシップ生が正社員や契約社員として雇用されるケースがある。たとえ

ば、（豊岡市外で）技能実習生として三年間働き、帰国後に日系企業の通訳として働いていたが、その日系企業の本社が豊岡市にあったことから現在は豊岡市で勤務しているといった事例や、インターンシップ経験者が帰国・卒業後に再来日し、研修先と同じ事業所（おもに宿泊業）に正式に就職するなどの事例が今回の調査でも散見された。

これらの人々の背景はいま述べてきた第一のグループに準ずる。したがって第二のグループの特徴的な事例として、人数は少ないもののALT、国際交流員、スポーツトレーナーたちの事例を紹介しよう。

フィリピン出身のALTのAさんは、母国の大学で英語教育を学び、卒業後は学校（日本の中学・高校相当）で英語教師をしていたところ、友人がフェイスブックで外国青年招致事業（JETプログラム）を見つけて紹介してくれたので応募した。ALTは任地を選ぶことができないため、「豊岡市に配属されたのは偶然」だという。国際交流員（CIR）のBさんは、中学生のころにアジアに興味をもちはじめ、大学で日本語や日本（東アジア）の文化を専攻した。学生時代に日本（豊岡市外）への留学経験もあり、大学でJETプログラム経験者の講話を聞く機会も得ていた。卒業後、母国で日本語通訳などのアルバイトをしながら、日本語能力を活かすことのできる仕事を探していたところ、JETプログラムに採用された。採用にあたって任地の希望を伝えることはできるものの、基本的に希望どおりにはならないという。Bさんはかつての留学先近辺や京都などの有名観光地を希望したが、豊岡市に決まった。それまで兵庫県や豊岡市のことは「どこにあるか知らなかった」そうだ。スポーツトレーナーのCさんは、自身も現役時代に大会で優勝した経験があるらしく、母国でトレーナーとして働いていた際、日本在住の友人（同じくスポーツトレーナー）から豊岡市でトレーナーの求人があることを紹介されて来た。

このように、赴任先が豊岡市になるのは本人たちにとって偶然の場合も多いが、自身の技能を活かせることを職探しの条件として来日するところにこのグループの特徴が見られる。

国際結婚――夫のふるさと

第一節で述べたとおり、第三のグループは一〇年以上前から豊岡で暮らす国際結婚の世代と、ここ五年以内に転入した新しい世代とに分けられる（後者については後述）。

国際結婚の経緯について聞き取りを行ったところ、知人の紹介あるいは職場（接客業を含む）で豊岡市在住の夫と（上司や同僚や客として）出会い、結婚するというケースが多かった。技能実習期間中に交際が始まり、帰国が迫るなかで結婚を決意する事例もある。ほかに、豊岡市以外（夫側の中国赴任を含む）で出会い、結婚後しばらくたってから、育児や就学などを機に夫方の実家がある豊岡市に移住した事例もよく見られた。ただし先行研究では、結婚仲介業者やマッチングサイトを（ときに知人が）利用して出会うケースが相当数あることも指摘されているため（藤井・平井編 二〇一九）、今回の調査結果の統計的な一般化には注意を要するだろう。この世代はフィリピン籍と中国籍がほとんどであるが、出身地域としては、フィリピンはルソン島やミンダナオ島、中国は歴史的に日本との関わりが深い東北部（遼寧省・吉林省・黒竜江省）や沿海部の大都市（上海や蘇州）が多い。

日系フィリピン人――仕事を探して日本国内を移動

より新しい世代にはさまざまな出自の人が含まれるが、代表的なのは日系フィリピン人である。戦前にフィリピンに移住した日本人の子孫のほか、戦後に日本人と国際結婚した親をもち、離婚などの理由により幼少期をフィリピンで過ごしたのち一〇代後半で来日したケースもある（第三章）。彼・彼女らは、豊岡市に来る前に日本国内の他の都市・地域で数年間就労した経験をもつ場合が多い。豊岡市での仕事はSNS上での広告や同国人向けの職業紹介サイト、および知人や親族の紹介で見つけてきたようだ。学歴別に見ると大学卒がもっとも多く、短大・専門学校卒を加えると過半数にのぼる。来日前はエンジニアや会計など専門的な業務の経験がある一方で、来日後は日本語の壁もあり本来の専門性を発揮しきれていないという葛藤も聞かれた。

3　豊岡での／からの将来像

二〇一九年度調査の質問紙調査には、豊岡市での居住予定年数を聞く項目をもうけていた。「活動に基づく在留資格」の五割が三年未満、「身分又は地位に基づく在留資格」の三割が一〇年以上という結果であったが、「考えていない、分からない」という回答も全体の三割強を占めていた。将来のことなどもちろん誰にもわからない。けれどもここでは、本人たちの意向や、彼・彼女らが見聞きした実例について見てみよう。

技能実習生、インターンシップ生——再来日、または母国で起業・キャリアアップ

技能実習生は実習期間終了にともない帰国することになるが、現在の実習期間終了後も、技能実習を二年間延長し（または在留資格「特定技能」にきりかえて）、ひきつづき日本で働きたいと考える実習生が多くいるほか、別のかたちでの正規就労や留学を希望する人も見られる。ただし、日本での定住ないし長期居住については、希望する人としない人の割合がほぼ拮抗している。国籍や家族の問題に加え、日本語習得の難しさや日本人との関係に葛藤する者も少なくないようだ。再来日を望んでいない場合には、母国での人生設計を立てているのが大半である。つま

り帰国後、母国の日系企業へ就職するか、日本語教師になるか、あるいは日本で稼いだお金を元手にビジネスを始めることを目標にしている。ビジネスの具体的な内容は、飲食店、小売店、農業（養鶏）、料理、美容などさまざまで、（東南）アジア諸国では農村部でも商工業に参入する動きが活発であるという事情を反映したものといえる。実習期間中に稼いだ資金の用途としては、ほかにも進学・留学、免許・資格取得、家の建立、結婚などがあげられた。

実習生たちに聞き取りを行ったところ、実習後に日本で正社員として就労した、帰国して日系企業に就職した、日本語教師になった、ビジネスを始めたといった成功談を来日前から見聞きしている人が多かった。そうした成功談がさらにSNS上で拡散されているとも先行研究で指摘されていることから（岩下 二〇一八：四一）、ある程度モデルコースが思い描かれるようになっていると推察される。

インターンシップ生も同様に研修期間終了にともない帰国することになる。研修期間は基本的に一年間と短いが、帰国・卒業後は豊岡市（城崎）あるいは日本の別の都市・地域でふたたび働くことを希望する人が多い。実際に、研修先の事業主のすすめもあって正社員や契約社員として（または特定技能外国人として）再雇用されるケースもあることは前節で述べたとおりである。もちろん、母国で観光・宿泊業またはその他の一般企業に就職することを希望している人もいる。日本で居住する意思はなくとも、豊岡市（城崎）で学んだ者として、「こんどは客として泊まりに来たい」という声も聞かれた。

元技能実習生、元インターンシップ生ほか――日本または母国で専門性を発揮

すでに何度か述べているように、豊岡市内外で技能実習やインターンシップを経験したのち、正社員や契約社員

（または特定技能外国人）として市内で再就労するケースが一定数見られる。その場合、「日本に来ること」自体を目的の一つとしていた技能実習生やインターンシップ生のころよりも「日本で生活していくこと」の現実的な問題に直面するようになり、そのぶん将来設計もより具体的なものになってくる。とくに元インターンシップ生からは、現在の仕事を数年間続けたのち大学や研修で身につけた知識や経験を活かせる職業に就くことを望む声が聞かれる。ただ、新たに豊岡市に来た技能実習生たちの（日本人社員との通訳なども含めた）世話係を任せている事業所もあり、彼・彼女らがいなくなるのは大きな損失だと認識しているところも少なくない。

ＡＬＴやＣＩＲやスポーツトレーナーなど、みずからの専門性を活かして働いている住民たちがこのグループに含まれるが、日本（豊岡市）に住み続けるにせよ帰国するにせよ、将来もこの専門性を発揮できる仕事をしていきたいと考えている。たとえば、第二節で紹介したＡＬＴのＡさんは英語教育に関する仕事を探して日本（豊岡市）に来たのだった。この場合、働く場所は必ずしも日本（豊岡市）でなければならないわけではないだろう。じっさいＡさんは帰国を希望している。それは「自身の日本語能力に限界があると感じる」からであり、また東南アジア出身のＡさんには日本海側の「気候が合わない」からでもあるが、なによりＡＬＴは正規の学校教職員と比べて制約が多く「本当の仕事のように思えない」からだという。しかし、帰国後も自分の専門性を活かして教員または教員育成の仕事を探すつもりで、日本語教師のパートタイムなども検討している。一方ＣＩＲの場合は、大学で日本語や日本（東アジア）文化を専攻した人が多く、日本への関心が比較的つよい。聞き取りのなかでも、「（仕事いかんによっては豊岡市外も視野に入れて）生涯日本で暮らしたい」という声や、帰国する予定ではあるものの母国で日本に関係できる仕事（観光業など）に就きたいという声が聞かれた。

国際結婚――豊岡での定着

第三のグループのうち国際結婚の世代は、豊岡市に夫の実家があり、夫の両親と同居または近居している事例も多いため、すでに豊岡市に定着しているといってよく、将来も現住地に住み続ける可能性が高い。ただし夫が二〇歳以上年上のケースもあり、将来（夫の定年後）の経済面や夫の健康面に対して不安がないわけではない。なお、日本国籍取得の意向について聞き取りを行ったところ、それと永住権取得とのあいだに大きな差はなく、母国の国籍を失うデメリット（母国の家族親族との往来にさいして手続きが煩雑になることなど）が気になるため、日本国籍を取得するつもりのない人がほとんどであった（第六章）。

日系人――雇用がなくなれば転出も

日系人たちもまた、長期居住が可能な在留資格（「定住者」など）を有しており、日本への定着意思がつよいといえる。加えて、家族を帯同して日本（豊岡市）に来るケースが相当数見られ、とくに子どもの修学面を考えて（「できれば卒業まで同じ学校に通わせたい」など）豊岡市に住み続けることを希望してはいる。

しかしながら、この日系人たちがすでに定着傾向にあるとか、今後定着することが見込まれるとはいいがたい。この世代のほとんどは数か月単位で契約を更新するような雇用形態で就業しており、雇用環境の変化にともなって日本国内で転入出を繰り返す流動的な人々であるため、具体的な将来像を描くことは困難である。豊岡市内での雇用契約が続くかぎり（あるいは市内でほかの仕事に就けるかぎり）定着する可能性もあるが、逆にいえば、雇用契約が終了しても新たに就職先を見つけることができないなら市外に転出するほかないわけだ（第三章）。じつは、この世代の中心的な存在である日系フィリピン人は、日系人の代表格ともいえる日系ブラジル人たちと入れかわるようにして増加した。約二〇年前（二〇〇〇年）には豊岡市に六八人いた日系ブラジル人の数（合併前の六市町合計）は、現在では一桁にとどまる。これは全国的な動向として、彼・彼女らがリーマンショックを機に職をうしなったためだと考えられる（松宮 二〇一九）。むろん条件がさまざまに異なるため単純に同一視することはできないけれども、新しい世代が似たような運命をたどることにならないかが懸念される。

4　「長いつきあい」を見すえて

本章では、豊岡市に生きる外国人住民の暮らしやネットワークの多様さを、そこにつながる背景と将来像の多様さという視点から捉え返してきた。

まず豊岡に来るまでの背景について、第一のグループの場合は、母国側の送出機関や日本側の受入機関（技能実習なら監理団体、インターンシップなら大学といったように）を介して豊岡市に来ることがほとんどである。第二のグループの場合は、元技能実習生／元インターンシップ生が正社員や契約社員として再雇用されるケースや、自身の専門性を活かせる仕事を探して日本のプログラムに応募し、豊岡市に派遣されたケースが見られる。第三のグループの場合は、豊岡市出身の日本人男性と国際結婚をした女性と、日系フィリピン人を含むより新しい世代とに分けられる。

つぎに将来像について、第一のグループの場合は、技能実習の期間延長、あるいはいったん帰国したのち正社員や契約社員または特定技能外国人として、豊岡市内外を含む日本で再就労を望む人が多い。ただし日本（豊岡市）

での定住ないし長期居住については、希望する人としない人の割合が拮抗している。再来日を望まない人々は、日本での経験を活かして母国の日系企業に就職するか日本語教師になるか、滞日中に稼いだお金を元手にビジネスをはじめるか、進学・留学、免許・資格取得、家の建立、結婚を考えていることが多い。第二のグループの場合、日本での長期居住を望んでいる人々は技能や知識や経験を活かせる機会を豊岡市内外で探す予定であり、帰国するつもりの人々も日本や日本語に関連する職業に就くことを検討している。第三のグループの場合、国際結婚の世代は豊岡市に定着しているといってよく、将来も市内に住み続ける可能性が高い。一方でより新しい世代は、豊岡市内での定住を希望しているものの、雇用環境の変化にともない日本国内で転入出を繰り返す流動的な人々であり、将来設計が困難なようである。

以上のような背景や将来像をよりリアルに把握しようとする際に注意しなければならないのは、外国人住民たちが思い描く一般的なライフコースが、日本人のそれと同じではないということだ。新卒一括採用も終身雇用も年功序列も六〇歳定年も、彼・彼女らにとっては（近年では日本人の若者にとっても）あたりまえではない。結婚や出産の適齢期とされる年齢も今日の日本社会と比べて早い。各国の事情を知ったうえで、一人一人の背景と将来像の一般性ないし特殊性を判断する必要があるわけだ。そうしてはじめて、出稼ぎや仕送りが（経済的な事情のみならず）ある程度慣習的なものでもあるといったことが理解できるだろう。

また、地域社会学者の二階堂裕子が指摘するとおり、従来の施策は暗黙裡に定住外国人を前提しており、依然「非定住型」の外国人が「まちづくりのパートナーとして必ずしも認識されていない状況」にある。非定住型外国人を「地域社会にとって不可欠な構成員として位置づけ、産業政策や人口政策と関連させた政策を積極的に推進」するとともに（二階堂 二〇一九：四二）、定住化を促すような支援も必要だろう。

定住といっても、日本国内を移動し都心部へと転出していく可能性は大きい。豊岡市のような地方都市に定着してもらうには、「継続して彼・彼女らに『選ばれる』自治体であり続けなければ」ならないわけである（二階堂 二〇一九：四八）。計量社会学者の永吉希久子らが行った調査によれば、親しい日本人の数が多いほど、また地域の自治会や町内会への参加度が高いほど、永住を希望する外国人の割合は高くなるという（木原 二〇二一：二二六）。「『地域に歓迎されている』という思いと自信」（毛受 二〇二〇：一七七）を外国人住民たちにもってもらえることが具体的な課題になるだろう。外国人受け入れの成功への鍵として、日本国際交流センターの毛受敏浩は、①政府の明確な方針の策定、②自治体としての積極姿勢、③日本語教室の充実、④ＮＰＯとの協働、⑤住民の意識改革、⑥地域コミュニティへの包摂、⑦日本社会側からの歩み寄りを列挙しているが（毛受 二〇二〇：一八八―九四）、この点、豊岡市でのさまざまな取り組みが一定の成功をおさめていることは、本書の各章やインタビューでも述べられているとおりである。じっさい二〇一九年度調査の質問紙調査でも、豊岡市は「とても住みやすい」または「住みやすい」と回答した人が約八割にのぼっている（豊岡市 二〇二〇：三〇）。

しかし、技能実習やインターンシップ後に豊岡市で再就職した第二のグループの人々があらためて長く生活するうえでの困難に直面するように、そしてまた、定住可能な在留資格を有する第三のグループの新しい世代が豊岡市に住み続けたいと願いながらも常に転出と隣り合わせの不安定な雇用形態におかれているように、日本（豊岡市）に定住したいという本人の意思と、現実に定住できるかということは別の問題である。中国人留学生を対象としたある調査では、国際移動や定住を左右するおもな要因として「キャリア要因」と「家族要因」の二つが指摘された（馬 二〇一九：一四八）。日本で「子どもを育てていけるだけの収入を確保できるかが問題になる」わけだ（毛受 二〇二〇：一三一）。結局のところ、仕事と家族という生活のもっとも基本的な部分が安定しなければ、将来設計も不確かにならざるをえないのである（もっとも現代日本においてそれは外国人住民にかぎった話ではないが）。
現時点では、在留期間を上限なく更新でき家族帯同も（条件をみたせば）可能な在留資格「特定技能二号」の拡充が定住への扉をひらくことが期待されるが（毛受 二〇二〇：一二八―一三二）、こうした国家レベルの制度改正と同時に、各自治体や企業が安心して長期居住できるしくみをつくり、外国人住民に向けてアピールしていくといった対応が求められるだろう。[*4]

付記

本章の内容は、豊岡市（二〇二〇、二〇二一）に多くを負っています。あわせてご参照ください。とくに豊岡市（二〇二〇）で第三章を担当された福田恵先生、佐々木祐先生、梅村麦生先生、第四章を担当された藤井勝先生、奥井亜紗子先生、齊藤優さんに感謝申し上げます。

注

＊1　「特別永住者」を有する韓国・朝鮮籍は、オールドカマーおよびその子孫であり、生活実態が大きく異なるため、本章では論及をさしひかえた。また「特定活動」については、さまざまな仕事に就いている人々が含まれるため、職種の専門性を考慮して第一のグループと第二のグループに振り分けた。

＊2　学歴の面でも、ときとして低学歴者が多いという印象で語られることがあるけれども、今回の調査では大学・短大卒の技能実習生が一定数見られた（徳宮 二〇二一）。

＊3　ベトナムにおける送出機関への支払額について、二〇一九年度調査では二一～八一万円（一円＝二一三ドンで計算）との回答が得られた。実習期間別に整理すると、技能実習一号（一年間）でおよそ二〇～三〇万円台、技能実習二号（三年間）で五〇万円台以上となる（梅村（二〇二一）をもとに計算）。その名目は、渡航費や日本語授業料のほか、研修中の家賃・生活

費、手続きや仲介の手数料などである。

＊4　各地域の魅力を発信していくうえでは、毛受にしたがえば、「日本活躍パートナー」とか「日本長期貢献パートナー」のような特色ある呼称をあたえるといったネーミングセンスや発想力も必要になる（毛受 二〇二〇：一三一）。

参考文献

石田賢示　二〇二一「誰がどのような教育を受けてきたのか――出身背景の説明力に関する在留資格グループ別の比較」永吉希久子編『日本の移民統合――全国調査から見る現況と障壁』明石書店、四一―六二頁。
岩下康子　二〇一八「技能実習生の帰国後キャリアの考察――ベトナム人帰国技能実習生の聞き取り調査を通して」『広島文教女子大学紀要』五三：三三―四三。
梅村麦生　二〇二一「地方の諸産業と外国人技能実習生――二〇一九年度兵庫県豊岡市の調査研究から」『関西学院大学先端社会研究所紀要』一八：五九―七六。
木原盾　二〇二一「誰が永住を予定しているのか――日本で暮らす移民の滞在予定」永吉希久子編、前掲書、一〇八―一三一頁。
斉藤善久　二〇一八「日本で働くベトナム人労働者――問題状況とその背景」『連合総研レポート――資料・情報・意見』三一（五）：一五―一九。
徳宮俊貴　二〇二一「大卒技能実習生の特徴とベトナムにおけるその背景――兵庫県豊岡市における外国人住民調査より」『社会学雑誌』三八：一二〇―一三七。
豊岡市　二〇二〇「二〇一九年度豊岡市・神戸大学共同研究『外国人住民に関する調査研究』報告書」https://www.city.toyooka.lg.jp/_res/projects/default_project/_page_/001/011/099/houkokusho.pdf（二〇二二年九月三〇日閲覧）。
――　二〇二一「二〇二〇～二〇二一年度豊岡市・神戸大学共同研究『外国人住民に関する調査研究』報告書」https://www.city.toyooka.lg.jp/_res/projects/default_project/_page_/001/019/934/houkokusho.pdf（二〇二二年九月三〇日閲覧）。
二階堂裕子　二〇一九「中山間地域における外国人技能実習生の受け入れ政策――岡山県美作市の事例から」徳田剛・二階堂裕子・魁生由美子編『地方発　外国人住民との地域づくり――多文化共生の現場から』晃洋書房、三五―五一頁。

藤井勝・平井晶子編　二〇一九『外国人移住者と「地方的世界」――東アジアにおける国際結婚の構造と機能』昭和堂。
馬文甜　二〇一九「高度人材移民の移住過程――来日する中国人留学生の事例を通じて」是川夕編『移民・ディアスポラ研究八　人口問題と移民――日本の人口・階層構造はどう変わるのか』明石書店、一三四―一五二頁。
松宮朝　二〇一九「リーマンショック後の南米系住民の動向と第二世代をめぐる状況」是川夕編、前掲書、一八〇―一九八頁。
毛受敏浩　二〇二〇『移民が導く日本の未来――ポストコロナと人口激減時代の処方箋』明石書店。

第5章 技能実習生らの日常生活

平井晶子

豊岡市には二〇二三年七月現在、技能実習生が三三九人、インターンシップ生が五六人暮らしている。当然のことながら、彼らは労働者として活躍するだけではなく、生活者として豊岡市に暮らしている。学校卒業後に海外経験を求めて技能実習生となる人がいる一方で、家族（子どもも含む）を母国に残し「出稼ぎ」として来日した技能実習生もいる（徳宮 二〇二一）。同じ技能実習生であっても、日本での暮らしに期待することは大きく異なる。そんな彼らはどのような日常を過ごし、どのような困難を抱えているのか。

第一節では技能実習生やインターンシップ生の「若者」に注目し、お金だけではなく経験を求めて来日した彼らの暮らしを見ていく。第二節では家族を母国に残し「出稼ぎ」に来た技能実習生を取り上げる。技能実習生には「未婚の若者」というイメージが強いかもしれないが、アンケートに回答してくれた技能実習生の二割以上が母国に子どもや配偶者がいる。第三節では雇用者側のサポートやＳＮＳの活用といった現代的状況に注目しながら、都市圏とは違う豊岡市での暮らしの実態と課題をまとめる。

1　経験も求める若者たち

一〇九人の未婚の技能実習生

技能実習生の多くは二〇代の若者である。アンケート調査（豊岡市と神戸大学との共同研究の一環として行った二〇一九年度の個人票調査）に協力してくれた技能実習生一四〇人（二〇一九年の調査時点での技能実習生の三九％）のうち、まずは未婚者（母国に配偶者や子どもがいない）一〇九人を中心に、豊岡市での暮らしを見てみよう。

一〇九人の内訳を見ると、男女比はおよそ半々で、出身国は多い順にベトナム、中国、インドネシア、タイである。彼らのほとんどが二〇代であるが、一〇代が数人と、若干の三〇代、四〇代も含まれる。

話を聞いてみると、「海外へ行ってみたかった」という希望を語るベトナム人がいた。留学するだけの経済力はないけれど、できれば海外生活を体験し、それをその後の人生に活かしたいという希望である（徳宮 二〇二一）。このように大学を出て技能実習生になる

表5-1　技能実習生の最終学歴

	女性		男性	
	人数	出身国	人数	出身国
中学	6人（12%）	中国・ベトナム	0人（ 0%）	
高校	21人（40%）	ベトナム	33人（58%）	ベトナム・インドネシア・中国
短大・専門学校	8人（15%）		17人（30%）	タイ・中国
大学	12人（23%）	ベトナム・タイ	6人（11%）	ベトナム・中国
不明	5人（10%）		1人（ 2%）	
合計	52人		57人	

人もいる。とくに女性では二割が大卒と多い。男性の場合、大卒は少ないが、高校や短大・専門学校を経ての来日が多い（表5-1）。

日本語能力

豊岡市に住んで一年未満であっても三年住んでいる人でも、じつは日本語能力には大きな違いが見られない。もともと日本語をある程度まで学習して来日した人の場合、日本での居住期間が短くても日本語を話せる。他方、長く日本にいても日本語をあまり使わない仕事に就いている場合は日本語が上達しないことも少なくないからである。冷静に考えると分かることかもしれないが、技能実習生の日本語能力は居住年数とは必ずしも相関しない（表5-2）。

　日本語がそれほど必要でない仕事の場合、日本語能力が十分身につかないまま技能実習期間を終える可能性がある。目下、現状の技能実習生制度を廃止し、新たな制度が模索されている。滞在年限や滞在場所、職場の自由度が上がることが期待されているが、同時に、日本での滞在期間の長期化を目指すのであれば、日本語教育をどうするのか、より真剣に検討するべき課題といえよう。

　技能実習生として来日する若者のなかには、帰国後に日本語を活

表5-2　豊岡での居住期間と日本語能力

	１年半未満	１年半以上
読み書きが十分できる	6人	4人
	（19％）	（11％）
会話は十分できる	6人	1人
仕事に支障がない程度に会話ができる	7人	5人
	（45％）	（58％）
日常生活に困らない程度に会話ができる	21人	21人
ほとんど会話はできない	16人	5人
	（35％）	（31％）
その他（自由記述：少しできるなど）	6人	9人
合計	62人	45人

かして「派遣」関連の起業をしたり、日本語教育に関連する職に就いたりする人もいる（岩下 二〇一八）。彼らのように日本経験や日本語能力を活かした仕事を母国で展開することは、ベトナムなどの若者にとって非常に魅力的な将来展望となっている。しかし、自分たちのことを考えても分かるように、「ただ住んでいるだけ」では、それを仕事に活かせるほどの語学力は身につかない。一定以上の語学力をもって来日した場合、日本語を使った仕事をこなすなかでどんどん語学力は伸びるが、そうでなければ日本語能力を上げるのは容易ではない。たとえば、仕事をしながら日本語教室に通い続けるのは、体力的にも精神的にもタフさが求められるそうで、相当の努力が求められるのが現状である。逆にいうと、今後も長く日本に住み続けてもらうなら、もしくは帰国後に日本語を活かした仕事をしてもらうには、日本語が学びやすい環境を整えると同時に、学ぶことのインセンティブが求められる。

友人との共同生活

日本語が非常によくできる人もいれば、長く暮らしてもあまり会話ができない人も三割を超える。それでも彼らが暮らせるのはなぜか。

一つには、友人や同僚との共同生活が彼らの日常を支えているからである。技能実習生は、全員がアパートや寮で「友人と共同で」生活していて、一人暮らしの人はいない。

また、日本語での会話ができるかどうかにかかわらず、地域の祭や行事に参加している人が四二人（三八％）いる。職場となる会社（事業所・事業者）が地域とのつながりを大事にしている場合、事業所ぐるみで、または担当者が仲介役となり、地域活動に参加する。地域の側も、最初は不安もあったように聞いているが、繰り返しつきあっていくなかで、「元気な」「気のよい」若者として受け入れるようになっていった。技能実習生が単独で地域に入るのは難しいが、職場のサポートがあることで可能になっている。また、地域活動への参加を通して相互理解が深まり、日常的にもあいさつができる関係が生まれ、生活がしやすくなっていく。

地域生活で必要な情報は、「職場」（六一％）から得ることがもっとも多く、次いで「インターネット」（五四％）、「同国人」（三五％）となっている。情報は職場からというケースが多いことからも、彼らの受入先のあり方次第で、実習生らの生活が左右されることがうかがえる。調査に協力してくれた事業所の担当者にも話を聞いたが、多くの担当者が「仕事を超えた」関わりをしている。自分の子どもや孫の年ごろの人たちがやってきて人手不足の職場で働いてくれるので、何とかスムーズに豊岡での暮らしに慣れ、よい時間を過ごしてほしいと考えていることを感じた（もちろん、調査に協力してくれるということは、そういうことなのだけれど）。

比較的大きな工場で、技能実習生を多く雇用しているところでは、同国人一人を契約社員として、通訳兼相談役として雇用していた。通訳兼相談役の人も工場のシフトに入って仕事をするが、それに加えて通訳兼相談役の役割を担う。

小さな会社の場合、社長が、週末ごとに技能実習生と一緒に車で町に行き、一緒にホテルで朝ご飯を食べるのが楽しみになっているケースもあった。朝食を食べたあとは買い物などをして、また車で帰る。不便なところに会社がある場合、住むところは会社の近くで便利だが、町に買い物に行くのは不便になる。車を持っていれば自由な移動が確保されるが、短期の技能実習生には車がない。バイクに乗るケースもほとんどなく、移動は自転車か徒歩。会社の人が車を出してくれる以外、移動はなかなか厳しい。バスはあるにはあるが、本数が少なく、値段も高い。必要なものはネットで買えるが、車で買い物に連れて行ってもらい町の空気を吸って帰るのは、若者には貴重な時間である。

Ｗｉ－Ｆｉ必須、これは受入担当者全員が声を大にして言ったことである。日本語が十分理解できるわけでもない彼らが豊岡で生きていくには、Ｗｉ－Ｆｉは不可欠なインフラであり、どこでもすぐに使える状態になっている。二〇年前なら、国際電話はまだ高かった。スマートフォンもなく、母国との連絡にケータイが使えるようになったものの、まだまだ現在のような環境ではなかった。今はどこにいても母国の家族や友人と、いつでも、ただで連絡がとれる。

その分、現地でのネットワークは最小で済ませることができてしまい、「日本人の友達がいる」人は三割にとどまる。職場や地域、日本語学校など、日本人と出会う機会は限られる。他方、八割以上の人に「同国人の友達がいる」。技能実習生はベトナム、中国、インドネシア、タイなどから来ているが、他の国から来た外国人の友達がいる人は少ない。事業所の方でも、同国人を雇うため、他の国の人に職場で出会うことがないからであろう。日本語学校などに参加する場合でも、通常のクラスに行けば他の国から来た人に出会う機会となるが、職場単位で日本語のクラスを設けてあると、友人関係はなかなか広がらない。それでも市役所や日本語学校、市の委託を受けた支援団体によるイベントがたびたび開催されており、出会いの場は以前より大幅に増えている。

インターンシップ生

「特定技能」という在留資格で、いわゆるインターンシップ生として、仕事をしながら日本語や技能を身につけるために来日した人もいる。今回は一九人がアンケートに回答を寄せてくれた。

彼らはほぼ全員が二〇代の若者（一人は三〇代）で、女性の方が少し多いが男性も少なくない。豊岡市の場合、インターンシップ先はほとんどがホテルや旅館か介護施設である。母国の大学の観光系の学部で日本語や観光学などを学習したのち、クラスメイトとともに豊岡市に来た人が多い。そのため日本語能力は総じて高い。「日常生活に困らない」程度の人もいるが、多くは「読み書きも、会話も、十分できる」。彼らのなかには、日本でインターンをしながらさらに日本語学習を重ね、日本語検定Ｎ２やＮ１の取得を目指している人もいる。職場が用意した寮で一人暮らし、または友人とシェアして暮らしている。

彼らについても、雇用側が丁寧に暮らしをサポートしているケースが多い。ある旅館では、社長が家族ぐるみでインターンシップ生の暮らしをサポートしていた。そこではおもに社長の妻が事細かに生活指導をしながら暮らしをサポートしている。インターンシップ生は、かつての旅館の仲居のように住み込みで働くわけではなく、寮を改装したワンルーム仕様の部屋で暮らしたり、二〜三人の相部屋で暮らしたりしている。若者の暮らしやすさに配慮しているとのことである。

それでも旅館業界には古い労働環境が残っていることもあり、「パワハラに遭い、びっくりした」という声がアンケートに記されていた。「方言が分からない」「職場でひどい言葉を使われた」など、雇用側というよりも、労働者同士の関係が難しいようだ。たとえば、豊岡では「早くしなさい」ということを方言で「早くしね」と言う。初めてこれを言われたインターンシップ生は「早く死ね」と勘違いして、「恐い」「ひどい」という感情が沸き、職場が恐くなったりイヤになったりすることがあるという。最近は、よく使う方言を事前学習で教えておいて、このような無用な相互不信を防ぐようにしているという。このあたりのギャップを解消するため、事前学習に力を入れるようになっている。日本語支援だけではなく、職場ごとのニーズに合わせたサポートをするためである。また、職場以外に相談できる場所を最初から知っておくことも重要になる。たとえばインタビュー１で取り上げた「湯のまち城崎」は彼らの重要な相談窓口になっている。

雇う側も、そして支援をする側も、経験を重ねることでサポートのポイントを理解し、スムーズな受入体制を構築することが可能になる。といっても、年々経験が蓄積されてはいるが、経験で何とかなる問題もあれば、個別具体的なこともあり、経験だけで解決するわけでもないようだ。また大都市とは違い、支援機関や対面でつながる人間関係が限られていることから、受入側の社長家族や担当者、支援者など個々人の力量と誠意に負うところが大きい。逆に、少ない支援者で動いているため、相互の連絡が密にとれてスムーズな支援につながるというメリットもある。他方、担当者の交代などにより経験が丁寧に引き継がれるのか、注意して見ていく必要があるだろう。

2　出稼ぎとしての技能実習——母国に子どもを残して

技能実習生には、自らの人生を切り開くために「学校を出て、海外に働きに行く」というケースもあれば、結婚して子どもがいるなかで「出稼ぎ」として来日するケースもある。前節で紹介した「技能実習に来る若者たち」の姿は技能実習生の八割であり、残りの二割は「結婚（＋出産）そして出稼ぎ」というライフコースをたどっている。ここでは後者の「出稼ぎ型」の技能実習生三一人に注目する（第一節と同様に、二〇一九年度の個人票調査をおもな資料とする）。

母国に配偶者や子どもがいる出稼ぎ型は、どちらかというと女性が多い（表5-3）。とくに出身国に偏りがあるわけではなく、ベトナムやインドネシア、中国、タイから来ている。二〇代が一二人、三〇代が一九人と年齢層は少し高い。

男性の職場は漁業や工場で、女性の場合は工場である。女性の海外労働といえばケア労働がよく知られているが、豊岡では工場労働者としての出稼ぎが多い。工場勤務のケースでは母国に夫や子ども、祖父母がいることが多い。自分は今回稼ぐから、そのあいだ、子どもを見ておいてということか。アンケートの自由記述欄を見ると、「できれば契約を延長したい」「仕事がいいので、チャンスがあればまたここで働きたい」「仕事も暮らしも満足」という声が多く、休みがほしいとか早く帰国したいという意見は表には出てこなかった。ただ、自由記述欄は半分の回答者が空欄で、しかも書いている人は基本的にポジティブなことしか書いていないので、不平不満は書きにくかったのかもしれない（母語で、匿名で書ける調査票を作成したし、職場ではなく自宅に郵送したが、それでも限界はあるのだろう）。

出稼ぎ型の場合、母国への仕送り率は高いが、

表5-3　母国の家族（子ども／配偶者）の有無

	女性	男性	合計
子ども・配偶者　いない	52人（ 71%）	57人（ 85%）	109人（ 78%）
子ども・配偶者　いる	*18人（ 25%）*	*3人（ 4%）*	*21人（ 15%）*
子どものみ　いる	*2人（ 3%）*	*5人（ 7%）*	*7人（ 5%）*
配偶者のみ　いる	*1人（ 1%）*	*2人（ 3%）*	*3人（ 2%）*
合計	73人（100%）	67人（100%）	140人（100%）

注：アンケート調査では結婚や出産の経験ではなく「母国にいる親族」を聞いた。そのため夫婦ともに国外に「出稼ぎ」に出ていれば「配偶者がいない」と回答していることもあると考えられる。

表5-4　母国への仕送りの有無

	女性	男性
出稼ぎ型（子どもあるいは配偶者（両方とも）いる）	21人中18人（86%）	10人中 8人（80%）
非出稼ぎ型（子どもも配偶者も　いない）	52人中39人（75%）	57人中48人（84%）

必ずしも全員が仕送りをしているわけではなかった。

出稼ぎ型であっても、そうでなくても、多くの人が実家への送金を行っている。技能実習に来るためにかかった費用を払う必要があるからなのか、母国の家族の生活を支えるためなのか、いずれにしても八割程度の人が仕送りをしている（表5-4）。

3　難しい交通手段、便利な情報インフラ

移動手段がない

豊岡市での暮らしで課題と感じるのは何より交通手段である。駅前で暮らせる人はほぼいない。多くの地方と同様、豊岡も車社会であり、車がなければ移動に不自由が生じる。事業所ごとに、社長家族が車を出すなどの工夫で乗り切っているが、それなりの負担は感じている。車に乗せてもらう側も、自由な移動がままならないのは不自由であろう。

国際結婚女性などのように、長期にわたり日本で暮らす人は免許を取得し、自分で運転することを目指す。しかし、技能実習生にはそのような選択肢がない。なお、車社会となった地方で、移動手段の少なさに困っているのは何も外国人住民だけではない。高齢者の移動が課題になっている。事故防止のために免許を返納したくても、返納できない現実がそこにはある。

移動の自由に加えて、「偶然の出会い」のなさを寂しく感じている若者男性の声も聞かれた。当然であろう。遊

びに行くのも仲間同士に限定され、新しい出会いがないことが寂しいと言っていた。

インターネットの普及により買い物や情報の都市・地方格差は縮小した。しかし、地方には「偶然の出会い」の場が極端に少ない。こちらも外国人の若者に限った話ではない。

このようにまとめると、技能実習生やインターンシップ生の困り事は地方に暮らす人々の困り事でもあることが分かる。

必須のWi-Fi

先にも触れたように、それでも「ここは環境がいい」とか「きれい」など、豊かな自然や整備された町を暮らしやすいと言えるのは、Wi-Fiがあるからである。この点はスマートフォンが出てくる前の時代とは明らかに違うところである。コロナ禍で困ったとき、もっとも重要な情報源が母国からの情報だった人もいる。日本の対応についても、日本にいる母国人のつぶやきから理解するケースが少なくない。

その意味では、日常的にごはんを食べたり話をしたりする仲間がある程度いて一緒に生活し、情報はネット経由、買い物もネット通販という日常は、それほど悪くないともいえるだろう。

参考文献

岩下康子　二〇一八　「技能実習生の帰国後のキャリアの考察――ベトナム人帰国技能実習生の聞き取り調査を通して」『広島文教女子大学紀要』五三：三三―四三。
徳宮俊貴　二〇二一　「大卒技能実習生の特徴とベトナムにおけるその背景」『社会学雑誌』三八：一二〇―一三七。

第6章　国際結婚妻たちの就業と二つの家族

平井晶子

1　国際結婚妻の重層的役割

豊岡市のみならず日本の地方社会には、結婚歴が一〇年、二〇年を超える国際結婚ベテラン組が少なくない。[*1] 来日初期に障壁となる日本への適応や日本語の問題を乗り越え、彼女たちは多方面で活躍を見せている。高齢化する地域のなかで比較的「若い」彼女たちの存在感はどんどん増している。本章ではそんな彼女たちの活動を多角的・重層的に捉え直してみたい。

今回、豊岡市と神戸大学との共同研究の一環として行った二〇一九年度調査（個人票調査、聞き取り調査）、二〇二〇・二一年度調査（外国ルーツの子ども調査）において、数年ぶりに国際結婚調査を行い、前回とはずいぶん違う印象を受けた。じつは私たちのグループでは、二〇一九年度調査に先駆けて、一〇年以上前から当該地域で国際結婚の調査を行ってきた。地方での国際結婚の構造的特徴を明らかにするために、藤井勝を研究代表者とする調査研究を継続的に行い、数十名の方にインタビューを行うとともに、一一一名からアンケートの回答も得ていた。出身社会での調査も実施し、国際結婚妻たちがグローバルな世帯保持機能をもつ存在であることを明らかにしてきた（図6-1）。従来、国際結婚妻は日本の地域社会で生きる女性として位置づけられていたが、彼女たちの活動をトータルに見ることで、母国の出身地域や出身家族との複層的な関係のなかに位置づけ直すことが可能になった（藤川・平井 二〇一九）。

あれから一〇年。彼女たちも一〇年の月日を豊岡で過ごし、ライフステージも次へと移行し、新たな生活へと歩みを進めていることが見えてきた。そのような国際結婚のベテラン組の現在地について、またベテラン組とは移動の経緯も背景も違う最近結婚した若い世代の妻たちについて、現状を検討するのが本章である。

国際結婚妻たちの在留資格

現在（二〇二三年七月）、豊岡市には「永住者」ビザ（以下「永住者」）を持っている人が一九五人（外国人住民の九％）、「日本人の配偶者等」のビザ（以下「配偶者等」）を持っている人が五二人（外国人住民の五％）いる。「永住者」のなかには、「配偶者等」から切り替えた国際結婚妻たちも多く、豊岡市にはおおよそ二〇〇人程度の国際結婚妻たちがいると想定される。[*2] 国際結婚妻のなかには日本国籍を取得した人やこれから帰化申請をしようと考える人もいるが、多くは「永住者」で十分だという。[*3] そして「配偶者等」の方が少なく、「永住者」の方が多いのは、彼女たちがベテランの国際結婚妻だからでもある。

ではなぜ国際結婚妻にベテランが多いのか。

図6-2は国際結婚数の推移である。一見して分かるように、妻が外国人の国際結婚は一九八〇年代後半から増

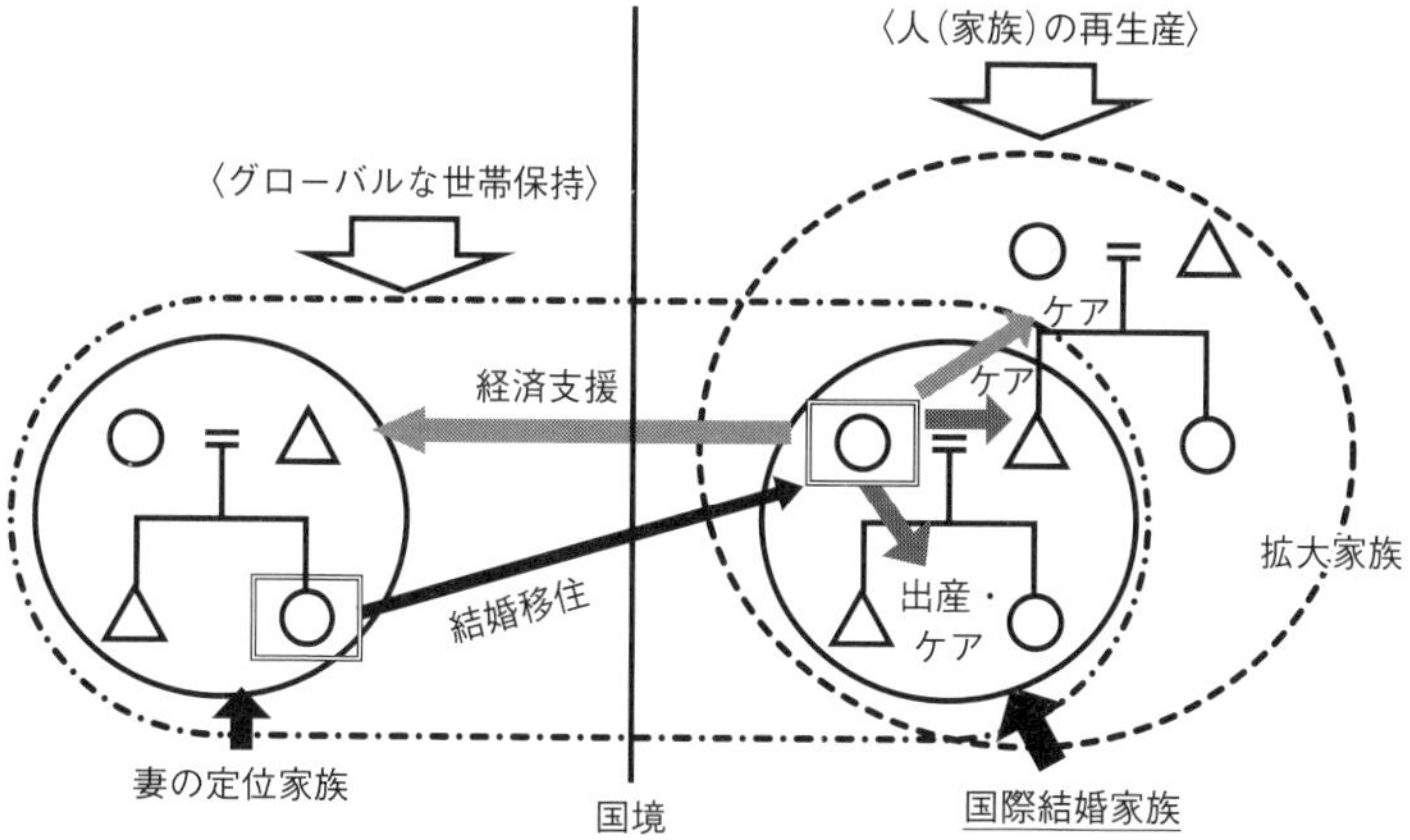

図6-1　藤井の描いた「南北型」国際結婚の構図

出所：藤井（2019：7）の図0-1。

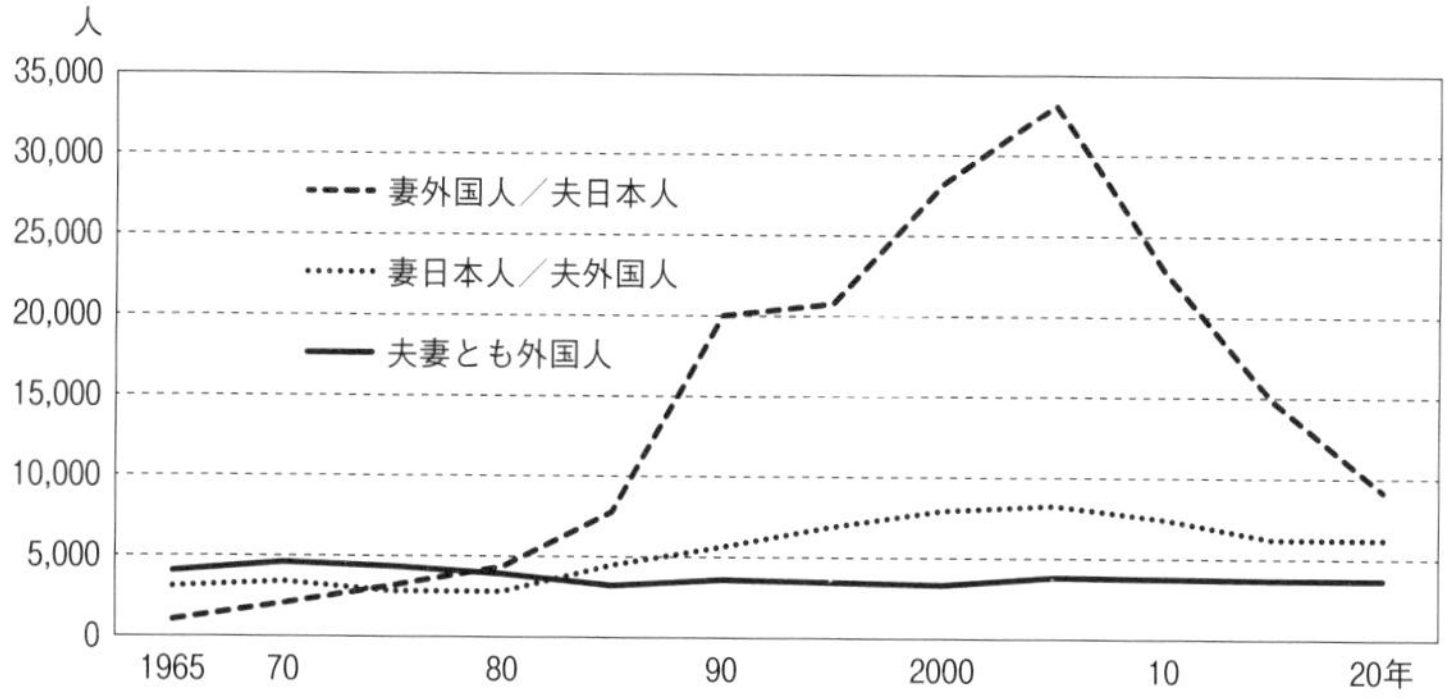

図6-2　日本の国際結婚数の推移（1965〜2020年）

出所：国立社会保障・人口問題研究所編 2023：表6-16より作成。

え始め、二〇〇六年にピークをむかえた。ピーク時には全結婚の五％を国際結婚が占めていたが、減少速度も速く、二〇二〇年にはピーク時の三分の一となっている。

重層的役割の全体像

国際結婚妻たちの話を聞いていると、彼女たちがとてもアクティブで、友人と会う暇もないほど本当に忙しく過ごしていることが分かる。さまざまな役割を担っているからである。

彼女たちは豊岡市で家族生活を営むと同時に、母国の家族（実家）とのネットワークも維持していることが多い。国際結婚でなくても、結婚すると「いくつもの家族」のメンバーとして生きていることが多いだろう。結婚によってできた新しい家族だけでなく、自分の実家や夫の実家などもあるからである。近隣市に住む実家から子育ての手厚いサポートを受けていることもあれば、離れたところに住む老親の介護について、ケアマネージャーと連絡をとりながら介護のマネイジメントをしていることもあるだろう。場合によっては、実家の親が亡くなっていたり、親族とは疎遠であったりして、現在の家族以外の親族関係をほとんどもたないこともあるだろう。国境を越えた家族であっても（国境を越えた家族だからこそ）、実家や親族とのつながりを維持することは重要かもしれない。

前回の豊岡市を含む但馬地域の国際結婚調査は、台湾や韓国の国際結婚と比較するかたちで研究を行った（藤井・平井編 二〇一九）。そのなかで藤井（二〇一九）は、日本、台湾、韓国に結婚移住する発展途上国の女性との結婚を、「南」（＝発展途上社会）の女性が「北」（＝より経済的に発展した社会）へ移住する結婚と捉え、「南北型」国際結婚と名づけた。伊藤るりたちが打ち出した（伊藤・足立編 二〇〇八）国際移動する女性たちによる「グローバルな世帯保持」機能に着目した国際結婚理解である（図6-1）。

表6-1　豊岡市の国際結婚女性たちの重層的役割

豊岡		母国
妻・親・嫁 稼ぎ手	家族	娘・叔母・姉妹・母 稼ぎ手
労働者 町内会やPTAのメンバー	地域	― 地域の海外移住の先輩

今回は、藤井が描いた「南北型」国際結婚の構図で示された諸関係の実像を、複雑につながる関係として「妻の日常」から捉え直してみる。

結論を先取りするかたちで彼女たちの重層的役割を書き出してみたのが表6―1である。彼女たちは豊岡の家族のなかで、妻として、親としての役割を担う。ときには嫁役割も果たす。同時に多くが就労しており、稼得役割も果たす。加えて、彼女たちの日常は家族内で閉じているわけではない。地域の町内会（婦人会）やPTAのメンバーとして、友人の通訳者として、消費者として、存在する。

他方、母国の家族から見ると、彼女たちは娘であり、姉妹であり、叔母であり、ときには母でもある。離れていても「送金」により稼得役割を果たしている人もいる。先に国際移住した先輩として情報提供を求められることもあるだろう。

このように複数の顔をもつ彼女たちのあり様を、アンケート調査（二〇一九年度個人票調査）や聞き取り調査からトータルに示すこと、とくにそれぞれの役割を担っている程度や、役割相互の関係を明らかにすること、これが本章のねらいである。

2　外国人住民の声を聞く

豊岡市全外国人住民調査——二〇一九年度個人票調査

本章では、豊岡市の全外国人住民（一八歳以上）を対象とした二〇一九年度調査と二〇一九年から現在までに実施してきたインタビュー調査を資料とする。

この一〇年、豊岡市の人口が減少するなか、外国人人口は増えてきた。アンケートを実施した二〇一九年の外国人は八三一人であったが、二〇二三年七月には一〇一七人である。[*4] コロナ禍で一時的に減少したが、この四年で一・二倍に増えている。急激な変化については私たちも継続的に観察しているが、アンケート調査の考察にあたっては二〇一九年人口を基準とする。

二〇一九年のアンケートでは、一八歳以上の外国人全七〇二人にアンケートを配布した。できるだけ多くの人に回答してもらえるよう、日本語に加え、英語、中国語（簡体字・繁体字）、タガログ語、韓国・朝鮮語、ベトナム語、インドネシア語、タイ語、やさしい日本語の合計九バージョンを作成した。そして二七二件の有効回答が寄せられた。有効回答率は三九％である。地域住民調査としても、外国人住民調査としても、決して悪くない回答率である。

アンケートには「久しぶりにベトナム語を見てうれしかった」というコメントもあり、多言語で調査をする意義を感じた。繰り返し述べているように、本調査は豊岡市と共同で行ったものであり、豊岡市はこの成果をふまえた

「多文化共生プラン」を二〇一一年に作成し、日夜、多文化共生社会へと歩みを進めている。二〇一九年は「久しぶりにベトナム語を見た」と言われる状況であったが、今では（二〇二三年四月）、ベトナム語に英語、中国語、タガログ語の掲示が豊岡市役所のあちこちに見られる。

話を二〇一九年のアンケートに戻そう。

アンケートの二七二件の有効回答のうち、在留資格が「永住者」「日本人の配偶者等」に相当する人は五七人いた。そのうち四三人が女性である。以下では、同国人と結婚している一人を除いた四二人の女性の回答を読み解いていく（四二人のなかには、現在はシングルの人が七人いる。離別や死別によるケースが多いと考え、今回の分析には加えることにした）。四二人というと小さな数字に思われるかもしれないが、彼女たちの経験を丁寧に読み解き、現状を理解したい。

なお、アンケートを実施した二〇一九年の「永住者」「日本人の配偶者等」に相当する人は一九七人であり、回答者五七人はその二九％に相当する。全体の有効回答率（三九％）と比べると一〇％低い。

表6-2　2019年アンケートの「永住者」「日本人の配偶者等」の豊岡市での居住期間別人数

居住期間	人数（%）
5年未満	12（29）
5～10年	6（14）
10～20年	16（38）
20年以上	8（19）
合計	42（100）

表6-3　国籍別人数

出身国	人数（%）
フィリピン	20（48）
中国	15（36）
ベトナム	2（5）
韓国・朝鮮	2（5）
その他	3（7）
合計	42（100）

表6-4　年齢別人数

年齢	人数（%）
20歳代	0（0）
30歳代	11（26）
40歳代	25（60）
50歳代以上	6（14）
合計	42（100）

二〇一九年アンケートにおける国際結婚妻の属性

アンケートの回答者は、最近豊岡市に来た（豊岡市在住歴五年未満）人が三割、一〇年以上豊岡市で暮らしている人が六割である（表6-2）。出身はフィリピンと中国が大半を占める（表6-3）。この地域にはベトナム人妻もいるが、回答は二件と少ない。ほとんどの人が四〇代（六割）か三〇代（三割）である（表6-4）。

インタビュー調査

同時に、二〇一九年には国際結婚女性一〇人にインタビューすることができた（フィリピン出身五人、中国出身四人、ベトナム出身一人）。また二〇二一年から二二年にかけては、同市で「外国にルーツのある子ども」を中心とする調査を展開し、そのなかで外国にルーツのある子どもの母親やその友人によるグループインタビューも実施した。自分の子ども時代の家族生活や学校生活について、また日本での出産や子育てについて話してもらい、母国の子育て文化との関連から日本における子育てや学校での困難さ、違和感、感心したことを語ってもらった。同国人同士で懐かしい子ども時代を振り返りながら、また日本での初めてのお産を振り返りながらの話は大いに盛り上がり、普段のインタビューでは聞けない話題が飛び出した（グループインタビューについては第七章）。ますます増える外国ルーツの子どもの学びを考えるうえで、母国の子育て文化を学校関係者や支援者が知っておくことは重要になる。グループインタビューはそれにアプローチする有効な手段の一つと実感した。

3　豊岡市の家族と彼女たちの家族役割

国際結婚妻の来し方、行く末

来日してからずっと豊岡市で暮らしている人は六割（二五人）で、日本国内での移動経験者も多い。結婚当初は富山県や千葉県に住んでいたが、夫が豊岡市の出身ということで「帰ってきた」人や、兵庫県内の近隣にある朝来市や養父市から移ってきた人もいる。

かつての「ムラの国際結婚」では、出身国から直接ムラに来て、ムラで「嫁」として暮らすことが一般的であったが、現在の豊岡市の国際結婚妻は半数近くが日本国内での移動を経験している。

将来への見通しについて「今後、豊岡市に何年間住む予定ですか」と尋ねたところ、「一年未満」「一～三年未満」「三～五年未満」という短い期間を選択する人はほとんどおらず、「一〇年以上」「とくに考えていない」との回答が多かった。国内移動でここに来た人が半数いても、今後については「ここ」での定住を前提としている人が多い。

現在の家族構成

家族構成を見ると、「一人暮らし」が五人、「友人と」が一人、あとの三六人は家族で暮らしている。[*5] 家族で暮らしている場合、夫がいるのが基本で、「＋子ども」「＋夫の親」というケースが多い（表6-5）。子どもと同居している夫婦は半分、親と同居している夫婦は三割である。子どもが大きくなり独立したケースや、親がすでに亡く

表6-5　現在の家族構成（人）

同居成員	人数		夫あり	子どもあり	親あり
単身＋友人と	6		—	—	—
夫と	10	36	○	—	—
夫と夫の親と	7		○	—	○
子どもと	1		—	○	—
夫と子どもと	13		○	○	—
夫と子どもと夫の親と	5		○	○	○
合計	42				

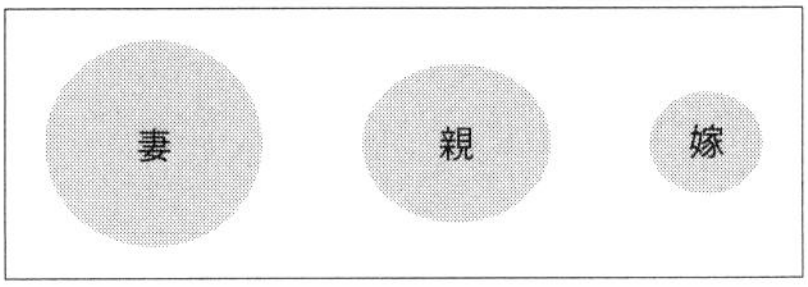

図6-3　国際結婚妻の豊岡家族での役割（1）

なっているケースなど、同居したくても「いない」こともあるだろうが、はじめから義理の親との同居を前提としていないケースも多い。日本全体で見ると（二〇二〇年）、夫婦で暮らしている場合、子どもとの同居が六割、親との同居は一割である。[*6] 親との同居が三割というのは絶対値としては低いが、全国の状況と比べると高い同居率といえよう。

つまり「同居」を基準に家族内での役割を見ると、国際結婚妻の多くが、妻役割は担っているが、子どもの世話をするという親役割は半分、嫁役割は三割となる。この結果をイメージ図に落とし込んだのが図6-3である。彼女たちの多様な役割のなかで、親役割や嫁役割が比較的小さいことが分かる。

子ども数

同別居にかかわらず「日本にいる子ども数」を聞いたところ、六割の人に子どもがいた。子ども数は一人ないし二人が多く、三人は二ケース、四人は一ケースしかなかった。子どもがいない四割の人のなかには三〇代や四〇代の人もいるため、最終的な子ども数は分からないが、少なく見積もっても二割の夫婦には将来にわたり子どもがいないことが想定される。

現時点の平均子ども数は一・〇人である。これは途中経過であって、今後増えることが想定されるが、国際結婚女性の出生率が高くないことは従来からも指摘されており（是川 二〇一九）、豊岡市でもおおむね同様の傾向が確認できた。

子育ての悩み

親であることの困難さを考えるために、子育て中の人に「子育ての悩み」を聞いてみた。具体的には左記のリストからあてはまるものすべてを選んでもらった。

①学校からの配布物を読む
②学校の先生や他の親とのコミュニケーション
③子どもの日本語習得
④子どもの学業成績
⑤子どもの進路
⑥病院での医師らとのコミュニケーション
⑦母語や母文化の習得
⑧子育て方針の家族内の食い違い
⑨子育ての悩みを相談する人がいない

もっとも多くの人が困っているのが「学校からの配布物を読む」であった。これは日本中で、日本人の親から頻繁に聞こえてくる愚痴とも重なる。まして日本語が得意でない（分からない）親が対応するとなると、どれほど大変かは容易に想像できよう。

ただし「プリント問題」は、スマホの普及によるオンライン配信への移行や、自動翻訳機能の充実により急速に改善されつつある。豊岡市だけではなく全国的にもそうだろう。

豊岡市ではプリントを写真で送ると翻訳してくれるサービスが二〇二三年度から始まった。教育委員会から委託を受けた支援団体が、保護者から依頼があれば翻訳をするというサービスである。どの程度のニーズがあるのかはやってみないと分からないとのことであるが、子育て支援としては大きく前進しているといえるだろう。神戸市では、学校が、教育委員会から委託を受けた支援団体に翻訳を依頼し、翻訳したものを保護者に配布している。

そして、意外かもしれないが、プリント問題以外では、母親に「問題」と認識されている子育ての課題はあまりあがってこなかった。「進路」や「病院でのコミュニケーション」「母語教育」「子育て方針の相違」について、また「子どもの日本語」や「悩みを相談する相手がいない」点に困っているとの回答もあったが、いずれも二〜三人の指摘にとどまった。

おそらくどんな家庭であっても、子育ての困り事は日々起きているだろう。友達とのもめ事が起きたり、思春期に入って意思疎通が難しくなったり、ゲームのしすぎであったり、学校の勉強が分からなくなったり、母語／継承語の教育の継続に悩んだりと。しかし、それらはずっと問題として認識され続けるのではなく、出ては消え、消えては（次の問題が）出てくる、というようなものであるため、「回答時」になければ意識にのぼらないのかもしれない。

二〇一三年の国際結婚調査でも「母国での子育てと比べて、日本での子育ては大変か」を聞いている。そのときはアジアの子育ての比較研究（落合他編 二〇〇七）をふまえ、日本の子育ては母親中心で、母親の負担が大きいから大変だろうと考えて質問した。ところが実際には「子育てはどこでやっても大変だ」とか「それほど大変ではない」という回答が多かった（連 二〇一九）。

日本で子育てをする外国人の母親にとって、日本での子育ての最大の問題は、学校からの大量のプリントであり、それ以外は子育てにともなう「当たり前」の問題という認識なのかもしれない。ただし、移民第一世代と第二世代では感じる困難さが違うことはさまざまな研究で繰り返し述べられている。親の子育てへの困難さの感覚と、子ども自身が成長のなかで感じる困難さは別である（子どもの課題や困難さについては第八章参照）。これはあくまでも母親が感じた困り事である。

インタビューから浮かび上がる子育ての状況

インタビューで聞いた具体的な子育て状況について三つの事例を紹介しておこう。出身国や滞在歴が同じでも、子育ての状況やそれに対する感じ方はさまざまである。

事例①子育てを手伝ってもらうのが好きじゃない（中国・三〇代）

夫と小学生以下の二人の子どもと四人で暮らす中国出身女性は、最初のお産のときは中国の両親に手伝いに来てもらい、二回目は義母に手伝ってもらったが、「子育てを手伝ってもらうのが好きじゃない」と言う。お産のときは手伝いが必要だが、子育てには必要ないと考えている。

家では「夫が中国語が全然分からないので、中国語を話すとかわいそうかなって」思って日本語を話しているが、夫がいないときは子どもと中国語で話したり、小さいときは子どもに中国語で話しかけたりしていたそうだ。今の悩みは「上の子があまり勉強してくれない」ことである。

周りから、一人で二人の子どもを育てていることについて「大変でしょう」と言われるが、自分で面倒をみたいと言う。

　中国の知り合いに「一人で二人の子どもの面倒を見るのは大変じゃない?」と言われるんだけど、自分の子どもは自分で面倒みたい。中国の親にも「二人いるから一人は中国においていったら」って言われるけど、感覚的に（中国の子育ては）全然合わないので「怖っ!って思って」いやだった。

他の中国の同世代の母親たちも、「自分で面倒をみたい」タイプと「一人での子育ては無理なので親に手伝ってもらいたい」タイプに分かれる。事例①の母親は自分でやりたいタイプで、それが実現できて、問題なく暮らせている。

逆に、豊岡市に暮らす中国人夫婦から「親族に任せて安心」という話も聞いた。三〇代で共働き、子ども二人の母親は「忙しくて面倒がみられないけど困ったことはない」と言う。

　母親か、中国の親戚が来て手伝ってくれるから、困ったことはあまりない。家族滞在ビザで、来るたびに二か月いて、子どもの世話をしてくれる。今年は、母親が来て世話をしてくれて、母親が帰った後は姉が来てくれた。家で時間のある人が来てくれる。

（中国・三〇代）

国境を越えた親族による子育てサポートが大いに機能していて、「困ったことはない」と言う。国際結婚とは違って、家のなかが中国語・中国文化一色なので、実家の親族が交代で来てサポートするかたちがうまく機能している。

事例②夫や夫の親とやり方が違うから自分の立場がない（フィリピン・三〇代）

三〇代のフィリピン女性は、子育てで大変なことについて「いろいろあるけど、何とかなっている」と語ったうえで、「近所に子どもが少ない」「子どもが遊ぶために町場に行かないといけない」ことを課題にあげた。これは国際結婚だからという問題ではなく、少子化が進む日本ではどこでも聞かれる課題であるが、それを強く感じながら子育てをしているということだろう。そして話しているうちに、夫や夫の親との「意見の相違」が悩みとも語ってくれた。

教育方針が旦那やおばあちゃん（夫の母）と違うことが悩みかな。旦那やおばあちゃんのやり方でされてしまうから、家では母親の、自分の立場がなくなる。（中略）しんどいときは一人で外に出て行く……。誰かに話を聞いてもらうよりは一人になりたいから。フィリピン人に話すと広まるから悩みは言わない。

この「悩み」は夫婦で話して解決するわけでも、人に話して楽になるわけでもないから、自分の胸にとどめて、呑み込んで、消化しようとしている。国際結婚ゆえに考え方の違いはいっそう大きいと推察できるが、日本人夫婦でも義母と暮らす場合に妻が抱える／抱えていた問題であろう。

事例③孫のために長生きしている感じの義母、お弁当を作る夫（中国・四〇代）

同じ義母との同居でも肯定的に感じている人もいる。この四〇代の中国人の場合、当初日本への適応に困難を抱えていたが、今は仕事も、日本語も、子育ても順調だと語る。今は正社員として忙しく働いていることもあり、子育ては義母に任せているという。

育児、じつは、そんなに関わってないんですよね。義母はずっと家にいて、孫のために長生きしている感じです。おばあちゃんは日本のことも分かってるし。私は夜勤が多くて朝が起きれなくて。たとえばお弁当は旦那が作ってくれてて。

このケースでは義母だけでなく、夫がお弁当作りをするなど、家事や育児を大人三人で分担し、うまく回している。このように三組の家族を見ただけでも、子育てや子育てをめぐる夫婦関係、義母との関係、実家との関係はそれぞれである。一〇年以上暮らしていると、子育てをめぐる課題や家族関係もひとくくりにできない多様な様相を表す。

就業状況と就業形態

もう一つ、彼女たちの日常を彩る重要な要素に「仕事」がある。というのも国際結婚妻で一度も就業したことがない人は一人しかおらず、現在もほとんど（八割以上）が仕事をしている。仕事をしているということは、家族のなかで「稼得役割」を果たしているということである。

就業形態を見ると、もっとも多いのがパート・アルバイトであるが、契約社員や正社員として働いている人や、自営業の人もいる。正社員として働く五人は全員が、九バージョンあるアンケートの「日本語版」で回答している。長く豊岡に暮らし、日本語も堪能な人が正社員として働いているということだろう。

直接仕事とは関係ないが、アンケートの最後に、豊岡での暮らしについての自由記述欄を設けたところ、「豊岡は平和で安全」「自然が豊か」や、「ここに私の仕事がある」「毎日、仕事をして、子どもの世話をして幸せです」との記載が見られた。コロナ禍もウクライナ侵攻もない二〇一九年に記載された「平和」という文字を見て、当時も、世界のなかで「平和」がいかに「当たり前ではない」かを痛感させられた。

また「家族の世話」と「仕事」をセットで捉え、今の自分を肯定している意見を見ながら、彼女たちにとっての稼得役割は、彼女たちのアイデンティティに関わる大きな柱の一つなのではないかと考えた（この点については第五節で再度検討する）。

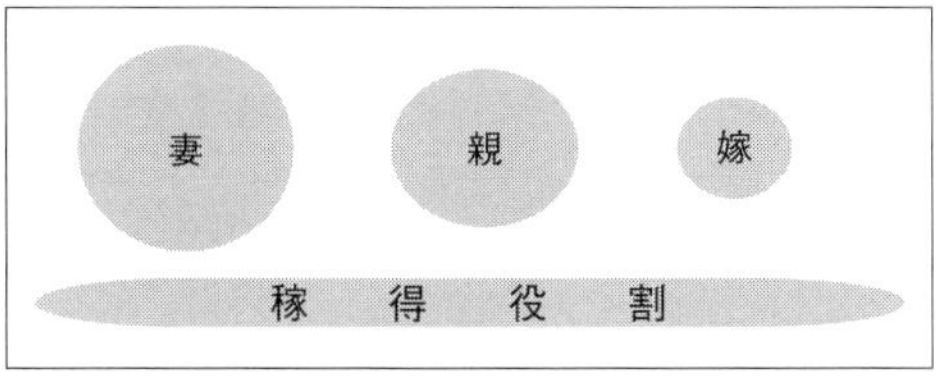

図6-4　国際結婚妻の豊岡家族での役割（２）

重層的役割を担う女性たち

以上のように国際結婚女性の暮らしを見ると、家族のなかでは妻であることに加えて、親役割の担い手が五～六割、夫の親との同居というなかで嫁役割を担うのが三割であった。つまり国際結婚妻たちは、当たり前のように稼得役割をこなしながら、妻役割、親役割（ときには嫁役割）を果たしていることが見て取れる。つまり豊岡の家族の重層的役割は図6-4のようなものとして把握できるのではないだろうか。

4　母国家族からみた彼女たちの役割

母国にいる家族――親、兄弟姉妹、甥姪

国際結婚妻の多くは母国にも家族がいる。とくに「親」や「きょうだい」がいる人が多い（いずれも七割）。一人っ子が日本に来ているわけではなく、きょうだいの誰かが母国に残っているという人が目につく。本人が三〇代や四〇代の場合はきょうだいがいるが、それより若い世代、そして今後はもう少し減る可能性もあるだろう。

母国にいる子ども、日本にいる子ども

母国に子どもがいることもある（八ケース、二割）。たいてい四〇代の人で、日本にも子どもがいることもあれば、母国にのみ子どもがいることもある（表6-6）。母国に子どもがいる場合、原則「仕送り」をしている。母国の子どもはおそらく前の結婚での子どもであろう。国際結婚調査をしていると、離別や再婚の話を聞くことがめずらしくない。しかし離別や再婚が多いのは国際結婚ばかりではない。二〇二一年に日本で結婚したすべてのケースにおいても、妻の一七％は再婚である。[*7]

母国への仕送り、母国からの呼び寄せ

かつての国際結婚では、藤井が「南北型」と名づけたように、母国への仕送りが当たり前であった。しかし今は、

表6-6　国際結婚妻の子ども数（N=42）

状況	人数（%）
日本に子どもがいる（両方にいるケースを含む）	24（57）
母国に子どもがいる（両方にいるケースを含む）	8（19）
両方にいる	3（ 7）
どちらにもいない	12（29）

仕送りをしているのは半分（母国に子どもがいる二割を含めても）で、三割は一度も仕送りをしたことがないという。アジアの経済発展にともない「北」と「南」の経済状況が近づき、彼女たちが日本で暮らす意味が変わってきたからである。

インタビューでも、「日本では物価が高く（仕送りをする）余裕がない。親はそのことを理解しているから仕送りをしていない」と言う人もいれば、「母の家を買って一〇年ローンを組んだから、あと数年は送らなければならない」と言う人もいた。「（仕送りで）姪を大学に行かせた。ほかにも、きょうだいから経済的な支援を期待されて、どれだけ働いてもお金が足りない。こちらの大変さをフィリピンのきょうだいは分かってくれない。だから今はきょうだいの要求を無視している」と言う人もいた。日本での暮らしは物価が高く、稼いでも余裕がないという人は多い。

国家間の経済格差が大きいときは、無理をしてでも送金すれば実家の暮らしが大きく改善したが、それほどの効果が得られなければモチベーションも下がるだろう。無理はしない／できない人が増えたのかもしれない。

一方、家族の呼び寄せ経験がある人は半数いる。出産前後でサポートに来てもらうこともあるようだ。コロナ禍以前は、里帰り出産や、出産に合わせて親や姉妹が来てくれることがあったが、コロナ禍で親族ネットワークのサポートが得られなくなり、不安のなかお産をむかえた人もいる。その不安を少しでも解消したいと保健師たちの奮闘がある（保健師たちの支援や活動については第七章を参照のこと）。

前回の調査時に台湾の都市部で国際結婚調査をした。そのさい、母国と台湾の両方で半々に老後を過ごしたいという話を聞いたことがある。出身地の村にも大きな家を建てていて、老後は一年のうち半年はそこで暮らそうかなと。村に帰ればたくさんの親戚がいるので心強いとも言っていた。台湾でも地方社会ではあまりそのような話を聞かなかったし、豊岡でも聞いていない。日本での生活費が高く、母国で家を建てることは難しく、老後もここで生きていくことを考えているように思われた。

ライフステージで変わる母国家族との関係

長く日本にいるケースでは、ライフステージが時間とともに変化しており、それにともない母国家族との関係も変わってくる。未婚で日本に来て、日本人と結婚し、子育てしてきたが、子どもが大きくなり巣立っていくと、実家の親も見送る段階になり、母国との関係が疎遠になるというように。

子どもが小さいうちは彼らを連れて里帰りしていたが、大きくなり学校が始まるとなかなか里帰りできないという人もいれば、実家への定期的な帰国を重視し、介護職など安定した職に就いたら休みがとれず実家に帰れないから、定職には就かないという人もいる。

母国家族のなかでの役割

このように国境を越えた結婚であっても実家との関係は続いていた。国内での同国人同士の結婚よりも、むしろ世帯保持機能を担っていたり、実家のサポートを受けて子育てしていたりすると、国境を越えた結婚の方が、実家との関係が重要になることもあるだろう。

一九八〇年代や九〇年代は、電話一本かけるにも大きなお金が必要で、声を聞くのも簡単ではなかった。飛行機代も高く、帰国は容易ではなかった。それでも送金していた。(コロナ禍やガソリン価格の高騰、円安などの影響で一時期に比べると飛行機代は高くなったが)今は格安航空券も出回り、里帰りが以前より楽にできるようになった。電話はインターネット電話を使えば無料でかけ放題、話し放題。当然チャットも無料でできる。顔を見ながら話すことも自由である。

日々の連絡だけなら「距離」は問題にならなくなり、彼女たちは、実家の娘であり、姉妹であり、叔母であり、ときには母で居続けている。それを模式的に表したのが図6-5である。おそらく従来よりも母国家族に対する「稼得役割」は小さくなったが、国内の結婚と地続きの関係のように、娘として、姉妹として、母としての役割が続いているのではないか。

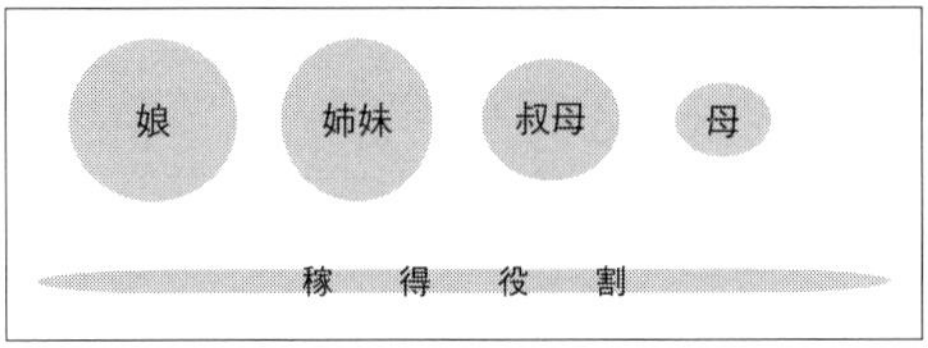

図6-5　国際結婚妻の母国での家族役割

5　仕事の意味や地域のなかでの活動、暮らしの困難さ

日本語能力の高い女性たちの地域活動

国際結婚妻のなかには、日本語の読み書きが不自由なくでき、仕事にも支障がない人もいれば、読み書きは難しいが会話には困らない人もいる。それでも、夫が亡くなり「書類の提出に困る」という話を聞いた。今は「日本語

に困っていない」人のなかにも一人になると実際には困ることがあるのかもしれない。

また、地域の行事に参加しているというフィリピン出身女性は「運動会にも参加し、競技にも出ます」と言う。なぜなら「周りはお年寄りばかりで若い人が少ないから」と言う。このように地域の行事や祭に参加し、なかには地域活動のリーダーに選ばれる人もいて、イベントや会議の仕切り方を学びながら奮闘している。

友人関係について、日本人の友人、同国人の友人、同国人以外の外国人の友人について聞いたところ、多くの人が日本人の友人や同国人の友人をもっている。いずれもそうたくさんではないが、「いる」人が多い。

彼女たちが「仕事をする」意味

外国人住民は女性も男性も就業している。あらためてこの点を強調したい。

女性は出産後の一時期、仕事から離れている人や、事情があって一時的に仕事をやめている人もいるが、それでも八割が働いている。仕事をしたことがないのはわずか一人である。彼女たちにとって「働くこと」にはどのような意味があるのだろうか。端的にいえば、仕事は生活の一部であり、自分の役割の一部と強く感じているように思われる。

たとえば、五年以上豊岡市に住んでいる女性は、豊岡での自分の暮らしをこのように表現した。

豊岡市は平和な街だから、私はここにいるのが好きです。そして、ここにはたくさん友達もいます。私はここで一年のほとんどを過ごします。そして私の仕事もここにあります。

（フィリピン・五年以上）

インタビューで「生活で困っていることは何ですか」と聞いたときにも、

今はとくにない。仕事を頑張れば何とかなる。
（フィリピン・一〇年以上）

今は、何も困ったことはないです。とても幸せです。（中略）言葉は分からないけれど、仕事があって生活できれば十分だと思っています。
（中国・一〇年以上）

彼女たちの仕事の中身

一番多いのは工場での仕事である。ついで食堂や旅館といったサービス業となる。まだまだ少ないが通訳などの専門職に就く人も出てきた。

一〇年以上前に国際結婚でやってきた人たちのなかには日本語を流暢に使いこなす人も少なくない。自身の子育ても一段落し、新しく来た外国人をサポートするボランティアとして、または専門職として活躍する人も登場している。国際化を目指す豊岡市にとっても貴重な人材といえよう。

6　国際結婚妻の重層的役割を思う

ふだん外国人と接することの少ない住民からすると、漠然と「外国人が増えると負担が増える」と感じることがあるかもしれない。しかし、「外国人」と見られる人たちは、海外で暮らそうというエネルギーをもった若者（元若者）である。地域に定住すれば、職場で、地元で、学校で、大いなる担い手となる。なかには母国との架け橋となったり、母国から来た人のサポーターになったり、地域の魅力を発信したりしてくれる人もいる。

ただし、正社員として働く人はまだまだ少ない。女性が正社員でないのは外国人に限った話ではないが、やはりパート・アルバイトでは給料への不満が大きい。彼女たちの母国（フィリピンや中国）では、正社員とパートを分ける「身分差」がない。そのため日本人よりもいっそう「パート・アルバイト」という身分のために低賃金に押さえられていることへの不満は大きいように感じた。

かつて、パート・アルバイトの低賃金問題は女性問題であったが、今は男性にも、そして外国人にも広がっている。移民問題のみならず、日本社会は「働き方」の変革が求められている。

このような彼女たちの仕事は地域にとっても重要である。地方社会では若者が少なく、さまざまな分野で労働者が足りず、技能実習生が求められている。そんな状況のなかで五〇歳以下の国際結婚妻は貴重な労働者となる。国際結婚妻たちはじつに多くの役割を引き受け、活動的に暮らしを営んでいる。彼女たちは「支援が必要な人」ではなく、すでに地域の担い手として大きな存在になっているのではないだろうか。二つの家族のなかで存在し、二つの社会の価値観を深く知っている彼女たちは、家族のあり方、教育のあり方、働き方など、いろいろな方面で、「これはいいな」「これはイヤだな」と感じながら生きている。日本のやり方、豊岡のやり方にばかり合わせるのではなく、彼女たちの「イヤだな」という気持ちに寄り添うなかで、より快適な社会がここに生まれてくるのではないだろうか。

日本社会は「外圧」で変化する。これは歴史が証明してきたことである。今、日本各地で起きている草の根の

「外圧」を、新風と受けとめ感じる感性があれば、私たちの暮らしがよりよくなるのではないだろうか。アクティブに生きる彼女たちの声を聞きながらこのことを強く感じた。

注

＊1　近年の国際結婚についての研究では古典的な国際結婚妻とは違う顔を論じる研究が出てきている（Faier 2009, 李 二〇二三）。

＊2　アンケート調査を実施した二〇一九年までの「永住者」には、国際結婚妻が比較的多いと理解している。しかし、二〇一九年一一月末に一四〇人だった「永住者」は、二〇二一年一一月末には一六九人、二〇二三年七月末には一九五人と急増してきた。おもにフィリピン人の「永住者」が増えたためである。このように近年の豊岡市の「永住者」は、必ずしも国際結婚妻が多いとはいえなくなっている。

＊3　「日本のパスポートがあればいろんな国へ行ける」という理由から帰化申請を考えている人にも会ったが、帰化申請を希望するのは少数派との印象を受けた。

＊4　本章の豊岡市の外国人人口は住民基本台帳に基づく値である。

＊5　国際結婚妻を対象としているにもかかわらず、「一人暮らし」などがあるのは、離死別により今はシングルになっている人や、シングルになり、かつ子どもが家を離れたため一人暮らしになった人も国際結婚妻に含めているためである。

＊6　『人口統計資料集（二〇二三）改定版』の表7–13より。https://www.ipss.go.jp/syoushika/tohkei/Popular/P_Detail2023RE.asp?fname=T07-13.htm（二〇二三年一〇月一五日閲覧）。

＊7　『人口統計資料集（二〇二三）改定版』の表6–1より。https://www.ipss.go.jp/syoushika/tohkei/Popular/P_Detail2023RE.asp?fname=T06-01.htm（二〇二三年一〇月一五日閲覧）。

参考文献

安里和晃編　二〇一八『国際移動と親密圏――ケア・結婚・セックス』京都大学学術出版会。

伊藤るり・足立眞里子編　二〇〇八『国際移動と〈連鎖するジェンダー〉――再生産領域のグローバル化』作品社。

大野恵理　二〇二二『「外国人嫁」の国際社会学――「定住」概念を問い直す』有信堂。

落合恵美子・山根真理・宮坂靖子編　二〇〇七『アジアの家族とジェンダー』勁草書房。

国立社会保障・人口問題研究所編　二〇二三『人口統計資料集（二〇二三）改定版』https://www.ipss.go.jp/syoushika/tohkei/Popular/Popular2023RE.asp?chap=0（二〇二三年一〇月一五日閲覧）。

是川夕　二〇一九「日本における低い外国人女性の出生力とその要因」小崎敏男・佐藤龍三郎編『移民・外国人と日本社会』原書房、三三―五六頁。

賽漢卓娜　二〇一一『国際移動時代の国際結婚――日本の農村に嫁いだ中国人女性』勁草書房。

社会保障・人口問題研究所編　二〇二三『人口統計資料集（二〇二三）』。

武田里子　二〇一一『ムラの国際結婚再考――結婚移住女性と農村の社会変容』めこん。

藤井勝　二〇一九「東アジアの国際結婚研究に向けて」藤井・平井編、後掲書、一―一五頁。

藤井勝・平井晶子編　二〇一九『外国人移住者と「地方的世界」――東アジアにみる国際結婚の構造と機能』昭和堂。

李善姫　二〇二三『東北の結婚移住女性たちの現状と日本の移民問題――不可視化と他者化の狭間で』明石書店。

連興檳　二〇一九「日本・韓国・台湾における育児・介護の比較――東アジア地方社会からみた国際結婚像の変容」藤井・平井編、前掲書、九一―一一六頁。

Faier, Lieba 2009. *Intimate encounters: Filipina Women and the Remaking of Rural Japan*. University of California Press.

【インタビュー2】

「小さな世界都市」の多文化共生施策――豊岡市

木内純子さん（豊岡市くらし創造部地域づくり課）

――木内さんには二〇一九年度の共同調査研究から一貫してお世話になっているのですが、今日はまずご自身の経歴などについてお聞かせいただけますか。

木内　出身はここ豊岡なんですが、大学時代は四年間和歌山におりました。教育学部の「ゼロ免コース」で心理学を学び、就職にあたっては家庭裁判所の調査官やカウンセラーなどの心理職を考えたこともありました。いろいろあって豊岡に戻って市役所に就職することにしましたが、その後も佛教大学の通信制講座を受講して、社会福祉士資格を取得したりしました。心理学とはまた違うのですが、もともとケアや福祉系の分野の仕事にも興味があったんですね。

市役所では福祉関連の部署でソーシャルワーカー的な仕事もしていました。また市民課にいたときは、外国人登録（当時）に来られる人や、興行ビザの更新に来られるフィリピンの人、国際結婚や工場労働者の中国の人などとも接する機会がありました。そこでは、やはり外国の人が増えてくるなかで、生活上の課題が出てくるだろうということ、またとくに福祉や介護・保健の現場では、外国人固有の問題について学んでおかなければ対応できないことも多いなと感じるようになりました。また、言葉や教育、家庭や文化の問題などいろいろ対応しなくてはならないこともあるのですが、どうしても豊岡のように、集住地ではない地方都市ではできることに限界があることも分かりました。

そういった状況でしたが、二〇〇五年の市町合併前後は国際交流協会の事務局が旧豊岡市役所内にあったこともあり、当時から外国の人の窓口対応やいろいろな相談事などをサポートしてもらっていました。「行革」の流れで国際交流協会が任意団体として独立し、そこからさらにNPO法人「にほんご豊岡あいうえお」が独立してからも、日本語教室や外国人の生活相談などを委託したり補助を行ったりという関係で、お互いに密に連携を取り合いながら仕事をしてきました。たとえば、現在「あいうえお」の岸田尚子さんも、以前は嘱託職員として働かれていたんですが、そうした人々を含めて多くの皆さんとはそれ以来のおつきあいということになりますね。

――調査を開始する前から、何かとこのテーマに関わりをもたれていたんですね。では、地元出身の住民として、地域の外国人住民についてはどのようなイメージをもっておられましたか。

木内　ご存じのように、豊岡は決して外国人住民の多い土地柄ではありません。ですが、たとえば在日朝鮮・韓国人の方が住んでおられることは小さいころから知っており、また学校でも何人かクラスメイトがいたことを覚えています。また、実家のすぐそばにも中華料理屋さんがあったのですが、中国の人も身近な存在でした。そうしたオールドカマーの人以外にも、生田通りの繁華街ではフィリピンの人がダンサーとして働いていましたし、九〇年代には日系ブラジル人も多く住んでおられたようです。最近では城崎観光をはじめとしたインバウンドに大きな関心が寄せられていますし、「城崎国際アートセンター」の活動で外国人アーティストも多く来られるようになりました。またスーパーなどに行っても、外国の人が一緒に買い物に来られている姿を見る機会も多くなり、最近なんとなく外国の人が増えてきたな、という実感はやはり地域の皆さんももたれているのではないでしょうか。

――なるほど、最近若い外国人のグループとよく会うようになった、という話は地域の皆さんから聞くのですが、ただ、そうした若者たちがどういう仕事をしているのか（おそらく技能実習生でしょう）、まだあまりよく理解されていないという感じもします。さて、こうした状況を背景として、市としてはこれまでどのような支援活動をしてきたのですか。私が見る限り、だいぶユニークな取り組みがなされているように思うのですが。

木内　先ほどお話ししたように、日本語教室の開催や学習支援活動、それから外国人住民の生活相談などを、国際交流協会や「あいうえお」さんに委託したり補助を行ったりしてきました。また、そのほかにも合併以前から旧各市町で、姉妹都市などとの文化活動や国際交流活動も継続的に行ってきました。

ただ、じつは二〇一九年の神戸大学との共同研究が始まるまでは、こうした取り組み以外には市としてそこまで大々的に外国人住民の支援活動をしていたわけではなかったのが本当のところです。転換のきっかけは、やはり中貝宗治前市長が中心となって二〇一七年に策定された豊岡市基本構想でしょうね。ここで「小さな世界都市――Local & Global City」というビジョンが提示され、とくにそのうちの主要手段の一つとして「『多様性を受け入れ、支え合うリベラルな気風がまちに満ちている』の実現」が打ち出されたことが大きいと思います。単なる標語を並べた「お品書き」ではなく、もっと「突き抜けた」価値の創造を目指そうという前市長の問題意識から、目の前にある具体的な多様性実現の一つの例として、外国人住民や外国にルーツをもつ子どもの支援が重要なテーマとして構想されるようになりました。

――「小さな世界都市」をつくるために、地域に住む外国人住民や子ども・若者を支援していこうというのは、言われてみれば当たり前なのかもしれませんね。しかし意外と見落とされてきた視点だと思うのですが。

木内　ちょっと話は変わるように思われるかもしれませんが、豊岡市が成功させたコウノトリの野生復帰は世界から注目を集め、また取り組みのなかでロシアや韓国などとの国際的な協力・交流関係ができていました。こうした経験もあり、これまでの文化交流・人材交流をさらに超えた取り組みをしよう、という気運が生まれたということもあるかもしれません。

私たちの目指す「小さな世界都市」とは、「人口規模は小さくても、ローカルであること、地域固有であることを通じて世界の人々から尊敬され、尊重されるまち」と基本構想では書かれています。社会、経済、文化のいろいろな側面から、「閉鎖的で停滞した地方」という根深いイメージを変えていくことがその目的です。豊岡という場所をどうやって世界に開いていけばよいのか。外国人住民とのよりよい共生や新しい関係を作り出すことは、そのための大切なステップと位置づけられると思います。

――私たちとの共同研究の結果をもとに作業を進めていただき、二〇二一年九月にはとても具体的なロードマップと達成目標をもった「豊岡市多文化共生プラン」が策定されましたが、それによって変わったことや、今後の見通し、課題などを教えてください。

木内　二〇二二年度から生涯学習課に生涯学習・多文化共生係が再編・設置され、プランの実現に向けて本格的に取り組むことになったことは大きいでしょうね。インバウンドや外国人移住者・地域おこし協力隊の存在など、これまで別々だったテーマも一つの見通しのなかで捉えられるようになってきました。また外国人住民と深い関係をもつ部署にとっても、現場の声や経験をふまえて施策につなげてもらえれば有難いと感じているのでは。ただ、やはり保健系・福祉系の部署については個人の裁量が大きくて、やろうと思えばいくらでも業務はあるので、どこまでやるかという部分についてはこれからの課題かもしれません。現場と事務方の役割の調整も必要になるでしょう。いずれにせよ、私自身も今後部署の異動があると思いますが、プランに沿ってそれぞれの部署で進んでいければいいなと思っています。

今後の課題としては、相談員との他言語でのやりとりが可能な「外国人相談窓口」を二〇二三年度に開設したのですが、その拡充を進める予定です。通訳・相談員として市内在住の外国人の人の雇用も考えています。その他いろいろな組織や個人とも具体的にどのような協力体制ができるかを考えていかなくてはなりません。また、日本語学習についてもさらなる支援が必要です。市内にはあまり日本語ができない住民や子どもの多い地域があります。そこで地域の住民の人々とも共同で取り組むことができれば、たとえば災害時の対応や地域の活性化などにも役立つはずです。また、外国人を雇用している事業所とも、意見や状況を聞きながらさらに連携して取り組む必要があります。一方、子どもに対する母語・継承語支援も、芸術文化観光専門職大学に委託するかたちで、六月から開始しました。現在はとりあえず中国語のみですが、今後はできればフィリピン、ベトナムなど他の文化・言語にも広げていきたいですね。

ただ、こうした取り組みにあたってはどうしても人手の問題が生じてしまいます。現時点でもかなりギリギリなので……。地域の大学生や今後来られる留学生、そしてもちろん外国人住民の人にも協力していただけるようなやり方を探っていければと思います。

——ありがとうございました。こうした取り組みが今後どのように進展していくのか、また将来的にどのような結果につながっていくのかにとても興味があります。私たちも、なるべく現場に寄り添いながら、一緒に考える作業に協力させていただければと思っています。どうぞよろしくお願いいたします。

（聞き手・作成：佐々木祐）

第III部 子どもの育ち

——住民の声、現場の声

第7章 妊娠・出産と乳幼児期
——子育て支援の現場から

小林和美

1 外国にルーツのある子どもの育ちをめぐって

同世代の一・四％

二〇二二年六月末現在、豊岡市に住む就学前児童三六〇〇人のうち、外国にルーツのある児童は四九人[*1]であり、同年代人口の約一・四％を占めている。四九人の児童のうち、一二人が外国籍、三七人が日本国籍または重国籍の児童である。少し前までは、外国にルーツのある就学前児童のほとんどが、父親が豊岡出身である国際結婚家庭の子どもなど、日本国籍をもつ子どもたちで占められていた。二〇二〇年六月末の時点では、外国にルーツのある子どもは四五人（同年代人口の約一・一％）で、このうち四人が外国籍、四一人が日本国籍または重国籍であった。日本国籍をもつ国際結婚家庭の子どもが大多数を占めているのは、外国人の集住が見られない地方社会の特徴といえるだろう。しかし、ここ数年は、就労目的で豊岡に転入してくる外国人家族の増加にともない、外国籍の子どもが増えつつある。本章では、妊娠・出産から乳幼児期に焦点をあて、豊岡市における外国にルーツのある子どもの育ちをめぐる現状と課題について検討する。

これまでの研究では、おもに外国人の集住地域を対象とした研究をもとに、外国人妊産婦が妊娠・出産・子育てにあたって必要とされる支援に十分アクセスできていない現状が指摘され、言葉の壁と保健医療制度や文化の違いの理解が全国的な課題とされてきた（李 二〇二二、渡邉 二〇一八など）。「生活の場」である保育所については、「文化的差異」に対する子どもや保護者の戸惑い、日本語が分からない子どもや保護者との意思疎通の困難、保育所の終了後にシッターが迎えに来るなどのいわゆるダブル保育や退園（品川 二〇二二）、子どもの言葉の遅れや落ち着きのなさが、発達の障害に起因するものか、環境に起因するものかを判断することの難しさ（品川 二〇二一、髙橋 二〇二二）などが課題としてあげられた。外国人集住地域では、親が不安定で長時間の労働にたずさわっているために、外国人が経営する保育所に長時間預けられて過ごす子どもたちの保育環境と発達への影響が懸念されている（梁樋 二〇二二）。母語喪失の弊害と家庭での母語教育および保育現場での母語保障の重要性（江原・二井 二〇二二、品川 二〇二二）、プレスクールなど小学校入学に向けた支援の必要（松本 二〇二二）についても、指摘されている。

それでは、豊岡市はどのような現状であり、どのような課題を抱えているのだろうか。本章では、妊産婦・子育て家庭への支援にたずさわっている保健師らの声、就学前の子どもたちを受け入れている認定こども園・保育園などからの声、妊娠・出産・子育てを経験した外国人の女性たちの声を通して検討する。

子育てに関わる社会的ネットワーク

表7-1は、二〇〇〇年代前半の調査に基づき、日本、韓国、中国、台湾、タイ、シンガポールの都市部における子育てに関わる社会的ネットワークをまとめたものである。ケアの与え手の種類ごとに、子育てに果たす役割の大きさがAからDの四段階で評価されている。これによると、日本では、母親以外に効果的な役割を果たすケアの担い手が乏しく、子育ての負担が母親に集中していることが分かる。本章では、このような、アジア諸社会の比較研究（落合他 二〇〇七など）による知見をふまえ、子育てに関わる社会的ネットワークの違いという観点からも外国人女性の妊娠・出産・育児経験を捉えていきたい。豊岡市に住む外国出身の女性たちのほとんどを占めるアジア地域出身の女性たちにとって、日本での子育ては、孤独感や負担感が大きいものであることが予想される。

調査概要

妊産婦・子育て家庭への支援の現状と課題について検討するため、豊岡市の健康増進課おやこ支援室および健康増進係の保健

表7-1　子どものケアをめぐる社会的ネットワークの地域別パターン（都市中間層）

地域	母親	父親	親族	家事労働者（子守・メイド）	施設（保育園･幼稚園等）
中国	A^-	A	A	C（大都市ではB）	A
タイ	A	A	B	B	B^-（2歳半未満ではD）
シンガポール	A^-	B	A	A	A
台湾	A	B	A	B	B（2歳未満ではC）
韓国	A^+	C	B	C	B（3歳未満ではC）
日本	A^+	C（共働きではB）	C（共働きではB）	D	B（3歳未満専業主婦家庭ではC）

A 非常に効果的　B ある程度効果的　C 存在するがあまり効果的でない　D ほとんど効果的でない

注：1）「母親」に用いた記号の A^- は「非常に効果的」だが他地域の母親ほど責任が集中していないことを意味する。A^+ はとりわけ集中していることを示す。

2）シンガポールは中国系に限定。

出所：落合他 2007：286。

師・栄養士らに対する聞き取り調査を二〇二〇年八月、二〇二一年三月、二〇二二年五月に行った。就学前施設（認定こども園、保育園、幼稚園）については、外国にルーツのある子どもたちを受け入れている就学前施設の園長への聞き取り調査を二〇二一年七月に行うとともに、豊岡市内の就学前施設への質問紙調査を二〇二一年八月から九月にかけて行った。外国人の女性たちの妊娠・出産・育児経験については、二〇一九年から二〇二二年九月にかけて、豊岡市在住の外国人女性を対象に行った聞き取り調査（個人インタビューおよびグループインタビュー）をもとに検討している。また、子ども支援センターで二〇二〇年一〇月に行った聞き取り調査の内容も、随時、参考にした。

2　妊産婦・子育て家庭への支援の現状と課題

支援の現状

豊岡市の健康増進課では、二〇一七年度より「おやこ支援室」が立ち上げられ、子育て支援に力を入れている。「おやこ支援室」では、子育て世代包括支援センターに専任保健師が配置され、妊娠期からの切れ目のない支援が目指されている。外国籍の市民に対しても、日本国籍者と同様の制度的支援が行われている。ただし、転出入の把握が難しいため、外国にルーツのある母親とその子どもの全体像は把握できていない。また近年は、若年、低所得、支援者がいないなどの理由のために、子どもへの虐待が起こる可能性を考慮した予防的な支援を妊娠期からしなければならないケースが増えている。そのため、こども支援センターの家庭相談員と一緒に介入をすることも、始められている。

豊岡市で妊娠・出産する外国人女性はどのくらいいるのだろうか。外国人妊婦[*2]への母子健康手帳交付数を見ると、二〇一七年度から二〇一九年度にかけては年間四〜五件（豊岡市内で出生する子ども数の一％弱にあたる）であったが、二〇二〇年度には一一件（二％強）に増加した。そのため、コロナ禍の影響により、母国に帰国できず、また、母国から支援者を呼び寄せることも難しいなかで出産する外国人妊婦への支援体制を整えることが課題となった。二〇二一年度には、コロナ禍による妊娠控えもあってか、四件に減少した。

二〇一九年度と二〇二〇年度に母子健康手帳が交付された外国人妊婦の出身国またはルーツのある国を見ると、フィリピンが約半数を占める。その他はネパール、アメリカ、中国、韓国、ベトナム、ミャンマーと多様である。二〇二一年度は、すべてフィリピンであった。以前は日本人男性と結婚しているケースが多かったが、近年は、外国人同士のカップルであるケースが増えている。二〇一九〜二〇二〇年度について見ると、パートナーが日本人男性であるケースは、三割ほどであった。

妊娠・出産・子育ての過程にそって、外国人妊産婦・子育て家庭[*3]に対する支援を見ていこう。まず、外国人妊婦は、母子保健医療情報提供システム「養育支援ネット[*4]」での医療機関等と保健行政機関との情報共有の対象になっており、医療機関等においてその存在が把握された場合、市町保健センターに連絡が入り、早期に把握し支援できるようになっている。

母子健康手帳交付のさいには、日本人の妊婦と同様に、妊婦健診・新生児聴覚検査・妊婦歯科健診の制度説明および手続きと保健師・栄養士・歯科衛生士による相談が行われる。保健師が必ず面談し、生活状況の確認、産前産後のサポートの説明や相談がなされる。外国人妊婦に対しては、必要に応じて、外国語に日本語を併記した母子健康手帳[*5]が交付される。通訳が必要な場合はＮＰＯ法人に依頼するが、母子健康手帳交付日までに通訳の手配ができていることは現状難しく、通訳ができる妊婦の知人が同伴する場合が多い。とくに外国人妊婦の場合、出国や帰国が把握できない場合もあり、次にいつ会うことができるのかが分からないので、制度の説明や産前産後の状況把握、子どもの保育園入園希望時期の把握や入園手続きの説明などを、丁寧に行うようにしている。豊岡市では、妊娠から産後六か月のあいだに利用できるサポーター派遣（ヘルパー派遣）サービスを実施しているが、外国人妊産婦による利用は低調である。

家庭への訪問は、出産後に一回「新生児訪問」をするのが標準であるが、外国人同士の夫婦の場合は「ハイリスク」として対応し、妊娠中にも一回、家庭訪問をしている。また、外国人妊産婦については、委託の助産師ではなく、おやこ支援室の専任の保健師が訪問する。乳幼児健診では、NPO法人の協力により作成された外国語（英語・中国語・タガログ語・ベトナム語・タイ語）の問診票が使用されている。

家庭訪問・乳幼児健診のさいも通訳者をNPO法人へ依頼しているが、母親が個人的なつながりで知人に付き添いや通訳を依頼する場合もある。母子手帳交付時についても同様であるが、自らも子育て中の外国人の母親で、行政による妊産婦・子育て家庭への支援について理解しており、他の妊産婦の付き添いや通訳ができる人は限られているため、同じ人に負担が集中してしまうという問題が生じていた。そこで、二〇二一年八月から「豊岡市外国語通訳ボランティア派遣」が開始され、NPO法人の協力を得て、市の事業について市から依頼する場合、有償ボランティアというかたちで通訳に入ってもらうことが可能になった。

また、二〇二〇年七月より母子手帳アプリ「母子モ」が導入された。英語・中国語・タガログ語など一二言語に対応しており、育児情報や乳幼児健診・予防接種の情報を、アプリを通して提供できるようになった。

現場の声

現場で支援にあたっている保健師・栄養士らからは、たくさんの困り事や課題があげられた。

①転出入の把握や移動する家庭への支援が難しい

転入してきた妊婦や未就学児のいる母親には、乳幼児健診でしか出会う機会がないため、支援が抜け落ちやすい。また、海外で里帰り出産した母親が、いつ日本に帰って来るのかを把握することも難しい。コロナの状況が落ち着いたり、自分たちの生活が安定したりしたら、母国の祖父母に預けている未就学の子どもを呼び寄せたいと考えている人たちもいるが、なかなか予定通りにいかないし、知らせてもらえない。妊婦や子どもたちが入ってきたときに支援者がうまく介入できて、保育園・学校・地域などへタイミングよくつなぐことのできる仕組みがないのが現状である。市役所の窓口に転入届が出されるさい、児童手当、国民健康保険などの手続きについては必ず案内され、小中学生がいる世帯は教育委員会にも案内されている。しかし、保育園・幼稚園の手続きや妊産婦支援にまではつなげられていない。*6

②支援者の側からの介入が難しい

保健師らは「予防」のために関わろうとするが、妊産婦は、その時点でとくに問題がなければ助けを求めない。まずは「訪問予約がとれない」ケースがあることが大きな問題である。郵便で連絡しても反応がなく、ポスティングや約束なしの訪問などでも、家のなかにいる気配はあっても、接触できない場合がある。また、保健師側のタイミングで支援したいとき、通訳の手配が難しいという問題もある。空振りを覚悟で約束なしの訪問にも同行してくれる市職員の通訳がいると心強いとの声があった。

③支援ニーズの把握が難しい

まず、支援ニーズ自体があるのかどうかが分からない。外国人妊産婦からは、「育児が大変」「家事が大変」ということで相談を受けることがあまりない。母親が、子どもの言葉が出ないことに問題を感じている様子がなく、言葉の発達を促す関わり方を指導しても、その意味が伝わらなかったこともあった。教えてあげたいことはいろいろとあるが、本人が困っていないため、支援に入ることができないという。

また、国によって妊産婦支援のための制度が異なるため、外国人妊産婦が、保健師などによる支援サービスについて知っているのかどうかも分からない。保健師がどのような支援をしてくれる人たちであるかを外国人が理解しているのかどうかを知りたい、乳幼児健診のときに会うだけの人たちではなく、相談や支援が必要なときに対応してくれる存在だということを知ってほしい、また、必要に応じて関係各所（病院・市役所の担当部署など）につなぐことができることも知ってほしい、との声があった。

本人や家族は支援を受けることを望んでいるが、言葉や、通訳や家族を介さなければならないことの障壁により、利用できない場合もあると考えられる。夫婦ともに日本語が通じない場合、外の支援を求めないことがある。通訳者を介してだと、過去の病歴や経済状況など、通訳者に知られたくないことは言えない場合がある。また、夫婦間に対等な関係が築かれていない場合、日本人の夫が同席していると本音を言えないことがある。

④意思疎通が難しい

妊産婦の生育歴や既往歴を聞き取りたいが、聞き取りのスキルや言葉の問題、文化の違いもあり、うまく聞き取ることができない。通訳を介した場合でも、自分たちが言ったことのニュアンスが相手に伝わっているのかを確認することが難しい。訪問日を調整するだけでも言葉の壁があり、問題意識の共有が難しく支援ニーズを共有できない。急な対応や通訳なしでの家庭訪問には翻訳アプリを活用するが、とくに英語以外の言語の場合、正しく翻訳されているのか分からず、不安である。

⑤情報が届いているのか心配

保育園入園の申込時期に手続きができておらず、「働きたいのに働けない」母親たちがいる。幼稚園入園のための手続きを理解しているのかについても、心配である。豊岡市の『子育て支援ガイドブック』は日本語版のみである。外国人転入者に渡される『豊岡市リビングガイド』は多言語に対応しているが、比較的分厚い冊子なので、ここから自分に必要な情報を選び出すのは難しいかもしれない。

⑥身内の支援者が少なく孤立しやすい／関係が同国人のコミュニティで完結する

外国人妊産婦は母国を離れているため、近くに支援してくれる家族や親族が少ない場合が多く、孤立しやすい。子どもが保育園に入ったり、地域の子育てセンターにつながったりすれば日常的に支援を受けられるが、就労状況や日本語能力の制約がある場合は、これらの利用は難しい。反対に、同国人同士のコミュニティの結束が強い場合、お互いに助け合える反面、日本の制度的支援を受け入れられなかったり、コミュニティのなかで関係が完結してしまい外に支援を求められなかったり、支援を受けるために必要な手続きをしそびれてしまったりする場合がある。

そこで、外国人妊産婦とその家族は困ったときに誰に相談しているのかを知りたい、外国人の困り事の情報を集約するところがあるとよい、また、そこから必要な支援につなげられるような経路があるとよい、との声があった。

⑦文化の違いについての理解が必要

支援者らが外国人妊産婦の出身地の文化について知らないため、彼女たちの行動や考え方について、どこまでが文化的なもので、どこまでが個人的なものなのかが分からない。「彼女たちの出身地では、そういうやり方なのだろうか」と思い、赤ちゃんのために伝えたいことがあるが、一方的に日本の基準を押し付けるのはよくないかもしれないと躊躇してしまう。そこで、冬でも薄着にさせるのか、離乳食に何を与えるのか、など、母親たちの出身地の育児方法や育児文化について知りたいとの声があった。

⑧発達の見定めが難しい

子どもの言葉がなかなか出ないとき、自閉スペクトラム症などの発達の特性のためなのか、それとも、多言語環境にあるなど環境の影響によるものなのかの見定めが難しい。また、社会的なつながりに乏しい環境では、子どもの発達について他の子どもと比較して見る機会がないため、親が問題を感じない場合がある。今後日本で生活していく見通しであるが、子どもが家庭で日本語に触れる機会が少ない場合は、どうするとよいのかを知りたいとの声もあった。

⑨経験の蓄積・共有に課題がある

母親たちのあいだで経験の蓄積や共有を進めていくためには、子どもの年齢が五～六歳上の母親が先輩としてつながれば、うまくいく可能性があるのではないかとの声があった。支援者については、部署の移動によって担当者が変わるため経験の蓄積が難しいことが課題とされている。また、豊岡では事例数が少ないため、但馬地域や兵庫県など、より広い範囲で情報共有できるとよいとの声があった。とくに法律関係など、専門知識が必要な支援については、経験豊富な自治体や支援機関と連携する必要がある。生活するなかで地域住民と共生する仕組みや交流する仕組みを取り入れているところや先進的な取り組みをしているところなど、他の自治体の取り組みについて知りたいとの声もあった。

3　就学前施設における現状と課題

外国にルーツのある子どもの在籍状況

つぎに、就学前施設（認定こども園、保育園、幼稚園）における現状と課題について検討しよう。先に示したように、豊岡に暮らす外国にルーツのある就学前児童の四分の三は日本国籍をもっており、父親は豊岡出身の日本人、母親は外国人である場合が多い。豊岡生まれ、豊岡育ちの子どももいれば、家族とともに日本国内の他地域から豊岡へ移り住んだ子どももいるし、外国で生活した後に豊岡へ来た子どももいる。

同様に、就学前施設に在籍する外国にルーツのある子どもたちも、日本国籍をもつ子どもの割合が大きい。就学前施設を対象とした調査を通して、市内三九施設中一四施設に、外国にルーツのある園児二五人の在籍を確認したが、このうち、日本国籍をもつ園児が二一人、外国籍の園児が四人であった。国際結婚家庭では、ほとんどが、母親が外国人で、フィリピンまたは中国出身である場合が多かった。一方、現在のところ、両親ともに外国人である家庭の子どもは少ないが、ある認定こども園の園長によると、「両親ともに外国人で、日本語がまったくできない子どもが、急に入園してくる」ということが、めずらしくなくなりつつあるという。両親ともに外国人である家庭では、親の出身地に特定の国への集中は見られなかったが、ほとんどがアジア地域の国々であった。外国にルーツのある子どもたちの母親はほとんどが就労しているため、子どもたちが在籍するのは認定こども園か保育園が大部分であり、幼稚園への在籍は一か所二人（きょうだい）のみであった。

外国にルーツのある就学前児童の居住地には、地域的な偏りが見られる。市内二九の小学校区中一七の小学校区に居住しており、五荘小学校区に約三分の一（一九人）が集中している。日高・八条・城崎・竹野小学校区にも比較的多い。ただし、特定の就学前施設に多くの園児が集中するという現象は見られない。外国にルーツのある園児がいる施設では、一〜二人が在籍しているところがほとんどであり、もっとも多いところでも四人にとどまっていた。なお、豊岡市内に外国人が経営する就学前施設はなく、外国人の親の母語と母文化による就学前施設での保育／教育という選択肢は存在していない。

現場の声

園での生活において、外国にルーツがあることに起因する課題はまったくなく、他の子どもたちと変わりなく過ごしていると認識されている子どもたちがいる一方で、特別な支援を必要としているわけではないが気になるところがある子どもや、明らかに支援が必要な子どもたちもいる。今回の調査で情報を得ることができた二五人の子どものうち、とくに課題はないとされた子どもが八人、特別な支援は必要ないとされながらも気になる点が指摘された子どもが二人、何らかの課題がある（過去にあった）とされた子どもが一三人であった（不明二人）。六割の子どもについて、園生活における課題や気になる点が認識されていた。以下では、就学前施設からの声をもとに、外国にルーツのある子どもの受け入れの現状と課題について検討する。

①園児の入園前の状況や生活環境・生活文化の把握および理解

「生活の場」である保育園やこども園では、外国にルーツのある子どもを受け入れるにあたり、入園前に、食事や排せつなどについての状況や、その子どもがこれまで育ってきた衣食住の環境・文化が分からないため、生活支援のやり方が分からず困惑することがある。たとえば、子どもが手づかみで食事をする、トイレでの排泄後に紙で拭く習慣がない、極端な厚着をするなど季節や状況に合った服装でない、といった場合に、あらかじめ知らされていなかったため驚いたり、それをどう捉えればよいのか――親の出身地やこれまで育ってきた地域の生活様式なのか、その家庭での育児のあり方なのか、あるいは別の理由なのか――が分からなかったりしている。

こうした問題に対応するため、いきなり入園するのではなく、入園前に、日常的に関われるようなサポート体制を構築し、入園の時点でしっかりした情報伝達があるとよいとの声があった。また、それぞれの国や地域の生活様式を理解したうえで、園では子どもの支援をどこから開始するかを考えることができるため、衣食住、睡眠習慣などの生活の基本となることについて、子どもの親の出身地やこれまで育ってきた地域では、朝から晩まで、だいたいどういうふうな生活様式なのかを知りたいとの声もあった。

食生活が家庭と園では異なるため、給食で初めての、あるいは食べ慣れていない食材や料理が出てくることが多かったり、家庭で箸を使う習慣がないなど食べ方が違っていたりして、給食が食べにくい場合も少なくない。慣れるまでのあいだ、食べ方や食べ物を家庭と園のどちらに合わせるか迷ったとの声もあった。お茶を飲む習慣がないため、子どもがお茶を飲むことに慣れていなかったり、弁当の中身が他の子どもたちのものと大きく違っていたり、卒乳の時期についての考えが違っていたりすることもあった。

このような生活習慣や生活文化の違いを理解するため、受入施設の職員を対象とした研修会を開催したり、言語や文化の違いから起こりがちなトラブルとその対処方法をまとめたガイドブックなどの提供があればよいとの声もあった。

育児経験のある外国人の保育補助者がいる園もあり、外国にルーツのある子どもの受け入れにおいて大きな力になることが期待されているが、現状では、制度として配置されているわけではない。外部機関とも協力して、外国にルーツのある子どもを円滑に受け入れるための体制づくりが求められている。

②日本語が分からない子どもへの支援

日本語が分からない子どもが入ってきた場合、小中学校では多文化共生サポーターを利用することができるが、就学前の園児に対しては、母語のできるサポーターや通訳の派遣は行われていない。来日してすぐの五歳児を受け入れた経験のある就学前施設からは、五歳児であれば母語もかなりできるようになっているので、通訳がいればずっとスムーズに園での生活を開始できただろうとの声が聞かれた。

日本語がまったく分からず、保育者の指示を理解できない園児を支援するため、絵カードを利用したり、制作のさいには出来上がりと制作工程を写真で見せたりして、言葉がなくても分かるように工夫した事例もあった。保育者のこうした姿を見て、子どもたちも、この園児に絵を見せて会話をしようとしたそうである。
就学に備え、日本語を習得できていない子どもには、日本語の学習ができるように支援する必要があるとの声もあった。就学前施設での日々の保育・教育のなかで、個別に指導することは困難なためである。

③言葉の発達

言葉がほとんど出てこない、年齢相応の指示が伝わらない、ゆっくり一対一で話さないと伝わらない、など、外国にルーツのある子どもの言葉の発達について、気になる事例が多くあげられた。家庭内で親の母語を話している場合、外国で暮らしていた期間が長い場合、外国と日本とのあいだを行ったり来たりしている場合などには、発達に課題があるのか、言葉の環境の影響なのかが分かりにくいという。

また、国際結婚家庭の子どもの場合、外国人の親が家庭で母語を使用しているため、園で保育者が話す日本語や、保育者が読む絵本や紙芝居などを子どもが理解しているかどうか分からないときがある、との悩みもあげられた。一方で、日本語が母語でない母親との会話を通して日本語を身につけたため、「日本で生まれ育っているので特別に支援を必要としていない」と見なされながらも、助詞を使わずに単語を並べるようにして話したり、他の子どもたちとの会話が一見成立しているようであるが、理解できていない内容が多かったりすることを心配する声も聞かれた。

外国にルーツのある子どもの発達や言語の習得などについて、園内研修などで個別の園児について対応を相談することはあるが、市による研修などは行われていない。多言語環境で育つ子どもの言語の発達と学習についての知識が求められている。

④保護者との意思疎通

親のどちらかが日本語ができて仲介することができれば、保護者との意思疎通に関して、日常的にはとくに困ることはないようである。外国人の親が日本語での会話がある程度できる場合には、分かりやすい言葉でゆっくり丁寧に話す、身振り・手振りで伝える、個別に対応する、実物を示す、日ごろからコミュニケーションをとり質問しやすい関係づくりを心がける、などの配慮がなされている。職員が、あいさつや数字など、外国人の親の母語を覚えたり、外国人の親に母語で絵本の読み聞かせをしてもらったり、もらった飾り物を各クラスに飾ったりして、意思疎通のための働きかけをしている園もあった。

言葉でのコミュニケーションにはあまり問題はないが、文字での連絡が伝わりにくい場合も多かった。連絡帳については、ひらがなのみで書くようにしたり、分かりやすい言葉を使う、絵を添える、漢字に振り仮名をつける、日本人の親にも読んでもらうように伝える、などの支援がなされている。一部の就学前施設ではＩＣＴが導入されており、保護者から就学前施設への連絡事項はアプリへの入力を通して送られてくるようになっているが、とくに問題なく利用されているとのことだった。「園だより」など、文字で連絡するさいには、口頭でも補足して伝えるなどの支援がなされている。

入園の手続きや入園前の説明についても、親のどちらかが日本人の場合、とくに困ることはないようであった。日本人の親が対応したり、外国人の親とともに日本人の親や同居の祖母が一緒に来園して対応したりしていた。外国人の親に対しては、できるだけ文書ではなく口頭で伝えるようにし、準備する物は実物を見せる、理解が難しいときには日本人の親や祖母に話す、などの対応がとられていた。外国人の母親に対し、連絡帳の記入はできる範囲でよいと伝えた園もあった。

一方、両親ともに日本語で意思疎通ができない場合には、困難が多い。就学前施設では、できるだけ個別に対応し、丁寧に説明するよう努めている。入園手続きや入園前の説明のさいには、別の日を設けて個別に対応したり、契約書や入園の手引きなどを英訳したものを準備したりした就学前施設もあった。入園時も含め、書類を交わさなければならなかったり、細かい説明が必要だったりするときには、親の知人を通じてやりとりした事例や、日本語と母語ができる中学生が、親や知り合いの家族の通訳をしていた事例もあった。ＮＰＯ法人から通訳者の紹介を受けて来てもらうには日程調整が必要なため、日常的には、スマートフォンの通訳アプリを使って会話しているという園もあった。豊岡市では「VoiceBiz（ボイスビズ）」という多言語音声翻訳サービスの導入を進めており、一部の園にはすでに導入されている。ＩＣＴを活用した言語的支援が広がることにより、保護者とのコミュニケーションがより円滑になされることが期待される。検温など、園でできることは園でして、コミュニケーションに関わる保護者の負担を減らす配慮もなされていた。日々の意思疎通に苦慮し、有効な対策を講じることができなかった、子どもの家庭での様子を知ることができないので困ることがある、と回答した就学前施設もあった。

就学前施設と保護者との意思疎通を円滑にするため、就学前施設からは、以下のような支援の要望があった。まず入園にあたっては、市が作成している入園説明資料や提出書類の多言語化、園独自の資料の翻訳に対する支援、入園前の説明を行うさいの通訳者の派遣、言語圏ごとの合同説明会の開催、保護者が就学前施設の一般的・基本的なルールを事前に学べる支援についての要望があった。また、日常的には、翻訳への支援や通訳者の派遣制度を求める声のほか、英語を話せる職員がいれば助かる、翻訳機の貸し出しや購入補助制度があればよい、保護者向けの相談窓口や就学前施設向けの相談窓口、保護者と就学前施設との仲立ちをするアドバイザー的な連携機関があればよい、保護者同士が集える場所があるとよい、という声があった。[*7]

⑤子どもの家庭の状況

国際結婚家庭では、三世代同居家族である場合も多く、同居の祖母による支援が見られる。同居の祖母による支援は、大きな助けになっているようである。

国際結婚家庭のなかには、家族員により意思疎通が可能な言語が異なるため、家庭内でのコミュニケーションが難しいケースもある。たとえば、外国人の母親と上の子は母親の母語で話し、日本人の父親と下の子は日本語で話すが、両者のあいだの意思疎通は難しいといったケースである。子どもが話す日本語を外国人の母親が理解しにくく、母子間のコミュニケーションがとりにくいケースもある。

外国にルーツのある子どもの家庭には、さまざまな事情により、父母の一方、あるいは両方と一緒に生活できないなど、家庭環境が複雑なケースが少なくない。こうした家庭に対しては、市の教育委員会、健康増進課（保健師など）、こども支援センターや医療機関などと連携・協力しながら、対応がなされている。

4　外国人住民の声——外国人の女性たちの妊娠・出産・育児経験

育児の負担感と孤立感

最後に、外国人住民の声を聞いてみよう。外国人の女性たちの妊娠・出産・育児経験はどのようなものだったのだろうか。出身地とのあいだに、どのような違いを感じたのだろうか。*8

外国出身の女性たちの妊娠・出産・育児は、近くに支援してくれる家族・親族が少なく、孤立しやすい状況のなかで行われる傾向がある。ただし、豊岡に住む外国出身の女性たちの場合は、アジア諸地域出身の人がほとんどであるため、南米出身者などに比べ、母国とのあいだを行き来しやすい。新型コロナウイルス感染拡大前には、里帰り出産してしばらく親元で子育てをしたり、出産や子育ての手伝いに母国から家族が交代でやってきたりする場合もあった。日本での生活が安定するまで母国の祖父母に子どもを預け、後に呼び寄せる場合もある。母国にいる家族とは、ＳＮＳやビデオ通話などを利用して頻繁に連絡を取り合っている場合が多い。

フィリピン、中国、ベトナムなどのアジア諸地域出身の母親の場合、育児ネットワークが豊かで、家族や親戚みんなで子どもを育て、子どものふるまいに寛容な母国に対し、母親に負担が集中しがちで何かと周囲に気を遣う日本という育児環境の差異も、彼女たちの負担感や孤立感を深めている。日本では一人で子育てをしなければならない、同居家族があまり育児に関わってくれない、子どもを預けるところがない、という発言が、何人もの母親から聞かれた。

日本で一人で子育てするのは大変だと思っていた。フィリピンでは一族で子育てするのが普通である。フィリピンでは、親戚が多いので、子どもをいつでも預けられる。みんなで見る。隣の家にもお願いできる。日本で子育てをしていると、子どもを預けるところがないので、すごく困っている。

日本だと、子育てするのが疲れる。保健師さんがいろいろ手伝ってくれるし、予防接種など丁寧に連絡してくれるのはよい。でも、それ以外は一人でやらなければならない。祖父母や親戚など、助けてくれる人が近くにいない。日本では、お母さんが一人でがんばっている、あまり父親が助けてくれない。祖父母も働いていることが多いので、あまり手伝ってくれない。ベトナムの子育ては楽。子育ては、基本的に家単位。ほとんど祖父母に任せっきりということも。近所の人も手伝ってくれる。気楽に子どもを預けたりできるが、日本では気遣いが多い。

近所の家を自由に行き来したり、手ぶらで友人宅を訪れ、ご飯やおやつをごちそうになったり、年長の子どもを見て年少の子どもが学んだりする母国の子どもたちの様子も、日本と違うところとして語られた。子どもが泣いたり走り回ったりすることについても、「子どもだから泣くのは普通」だと思われており、「いちいち気にしない」という。母国では、日本に比べて、困っていそうな母親に声をかけやすく、母親同士が互いの仕事や年齢などについて気楽に聞き合うことができ、親しくなりやすいとの声もあった。

フィリピンは、オープンだから、子どもたちが「インディペンデント」。年上の子どもがすることを見ているだけで勉強になっている。着替えやトイレなど、子どもたちは、勝手にできるようになる。隣の家が、自分の家のような感じで、いつでも行く。お兄ちゃんやお姉ちゃん、友達のなかで、自由に育つ。

中国の方が、子どもがうるさかったり騒いだりすることに対しての寛容度が高い。困っていそうな親にも声をかけやすい。日本では、声をかけてもよいのだろうかと、考えてしまう。

日本の育児ネットワークの相対的貧しさを視野に入れて、外国人の母親たちの経験を理解し、支援していく必要がある。

妊産婦・子育て家庭への支援に対する印象

一方で、母子手帳の交付や妊婦健診・乳幼児健診、出産費用の医療費控除、保健師・栄養士らによる指導、救急医療などの制度的支援は整っていると受け止められており、安心感を与えている。とくに保健師による家庭訪問は、驚いた人もいたが、「よいシステム」「来てもらって、安心した」との声が聞かれた。このときの経験から、病院の受診の仕方など、出産後も困ったことがあれば保健センターに電話して、保健師に相談している人もいる。

行政手続きや病院、予防接種などでは、フィリピン、ベトナムなど、漢字を使わない地域の出身者に、言葉が通じないため困っている人が多かった。

就学前施設に対する印象

外国人の母親たちは、就学前施設について、母国との違いをさまざまな点で感じていた。

まず、認定こども園・保育園を利用するにあたって、母親が働くために子どもを保育施設に預けることについての考え方の違いを感じた母親もいた。ベトナムでは、母親が働きに出るさい、子どもをどこかに預けることに抵抗はないが、日本では「かわいそう」と言われたという。同居の義母（日本人）や保育士にも、できるだけ早く迎えに行くように言われたそうだ。子どもの送り迎えをしているのが圧倒的に女性（母親や祖母）であることに違和感を覚えた人もいた。

日本の保育施設は、健康診断や歯科健診などもあり、栄養バランスのとれた給食が提供され、アレルギーにも対応するなど、子どもの健康に細かく気を配ってくれるため「安心できる」との声があった。また、着替えやトイレトレーニングなど、生活習慣を身につけるための指導も行き届いており、「保育園で全部教えてくれるから、すごくよかった」との声が聞かれた。一方で、日本のこども園や保育園では、コップや歯ブラシ、おむつ、着替え、エプロン、布団、上履きなど、用意しなければならないものが多く、さらにそれらにすべて名前を書かなければならないことに負担を感じている人もいた。また、園での過ごし方について、「一日のスケジュールが流れ作業のように決まっている」と、皆が揃って一緒に行動することに母国との違いを感じた人もいた。

就学前施設の利用にあたって、日本語の読み書きで苦労している人が多かった。そこで、連絡事項を連絡帳に記入するのではなく、送迎のさいに口頭で伝えるようにしてもらったという人もいた。子どもが保育士の言っていることを理解できず、いろいろと問題があったため手紙をもらったが、その手紙が読めず、友人に訳してもらったという人もいた。子どもが幼稚園に通うようになってから日本人の「ママ友」が増えたという経験をした人がいる一方で、こども園や保育園を利用している母親たちからは、「お迎えに行っても、お母さんの輪のなかに入れない」「送り迎えだけで精一杯」との声が聞かれた。

また、就学前施設利用のための提出書類について、英語版の申込書や、継続手続きの簡略化を求める声があった。

文化や習慣の違い

外国出身の女性たちは、妊娠・出産・育児の過程で、数多くの文化や習慣の違いを感じていた。多く聞かれたのは、日本では妊娠中の体重管理が厳しいという声である。病院で太ったと怒られたという人もいた。「中国では、お腹の子と二人分しっかり食べなさいと家族も言ってくれる」「ベトナムでは、大きく生んで大きく育てる。たくさん栄養をとって胎児を大きく育てた方が、背が高くなる」と母国との違いが語られた。

産後のケアにも違いが見られる。日本では、産後の禁忌が比較的少ないようだ。たとえば、フィリピン出身のある女性は、産後一週間はシャワーを浴びてはいけないと信じていたが、日本の病院で看護師にシャワーを勧められて怖くなり、フィリピンの母親に相談したという。出産後一か月間は、外出しない、髪の毛を洗わない、風にあたらない、冷たい飲み物を飲まないことになっているが、日本では守れなかったと語ったベトナム出身の女性もいた。

赤ちゃんをできるだけ母乳で育てようとするところは、フィリピン、中国、ベトナムでも共通しているが、母乳で育てることへのプレッシャーはないようだ。赤ちゃんに着せる服について、ベトナム出身の女性は、ベトナムでは日本のように赤ちゃんに何枚も重ね着をさせることはないと語った。紐を結んで着せる肌着の着せ方もよく分からなかったという。一方、母国では赤ちゃんを冷やさないようにするので、たくさん服を着せて保育園に行かせたところ、保育士から薄着にするように言われた経験を語ってくれた人もいた。離乳食にも違いがあり、ベトナムでは離乳食に味をつけるという。ネパールでは、赤ちゃんは寒がりなので毎日お風呂に入れてはいけないとされている。フィリピンでは、子どもたちは夜ではなく昼にお風呂に入るという。

フィリピンでは、小さいころからハグやキスなどのスキンシップをとる。また、赤ちゃんをおんぶする習慣はなく、両脚を広げる日本のおんぶの恰好は子どもが「ガニ股」になるのではないかと心配になるそうだ。フィリピンでは、赤ちゃんの脚にオイルを塗って、ガニ股にならないようにマッサージをするという。また、女の子には、ごく小さいうちからピアスをする習慣もある。

こども園を祝日に利用したさい、お弁当とお茶を持参するように言われ、お茶とはどのお茶のことなのか分からずインターネットで探して、麦茶を用意すればよいということを突き止めた経験を話してくれた人がいた。こういう「細かいけれど、でも大事なところ」が分からないという。異文化のなかで暮らすには、日常生活のなかでの「当たり前のこと」を気楽にたずねたり、教えてくれたりする存在が大切になる。

子どもの言葉の問題

日本人と国際結婚をした外国人の親には、子どもに、将来的には、日本語と親の母語（と英語）ができるようになってほしいと考えている人が少なくない。本人が望めば、親の母国に留学させることを考えている人もいる。コロナ禍以前には、毎年一か月程度、子どもを連れて母国に帰っていたという人も多くいた。

子どもの言葉の問題で悩んだり、つらい経験をしたりした人もいた。多言語環境での子育てが子どもの言葉の遅延の原因である可能性を指摘されたため、日本語を優先するよう方針を変えるという経験をした人もいた。小学校入学前の子どもが、まわりと違う言葉を話すことを「恥ずかしい」と感じるようになり、だんだん親の母語を話さなくなってきたという事例もあった。

日本語に自信がもてない外国出身の親にとって、日本語での子育てはつらい経験として語られた。

日本で子どもを育てるならば日本語で育てなければ、と先生らに言われ、自分の日本語はネイティブの日本語ではないし、発音もネイティブではないので、自分の言葉が正しい日本語になっているかと考えながら話さざるをえず、つらかった。

普通なら（子どもに）「ダメ」と言った後に（ダメな理由について）説明をする。私のときは、分かる日本語が少なかったので、本当に「ダメ」だけを言う。子どもたちはなぜダメか全然分からない。多分それは大きなこと。日本にいるから日本語を先に覚えさせた方がいいんじゃないかと言われたので、私たちはそういうふうにした。ただ、私が、コミュニケーションがとれないことになっちゃう。

多言語環境で育つ子どもの言葉の獲得についての知識を習得するとともに、子どものアイデンティティ形成、家庭での円滑なコミュニケーションに重要な役割を果たす母語・継承語を学び伝える機会を保障し、「違い」を認め合える環境をつくっていくことが求められる。

5　子どもの育ちを支える仕組みづくりへ

本章では、妊産婦・子育て家庭への支援にたずさわっている保健師らの声、就学前の子どもたちを受け入れている認定こども園・保育園などからの声、妊娠・出産・子育てを経験した外国人の女性たちの声を通して、外国にルーツのある子どもの育ちをめぐる現状と課題について検討した。近年は、豊岡出身者と外国人が形成した国際結婚家族に加えて、夫婦ともに外国人の家族が転入してくることにより、言葉の壁や文化・生活習慣の違いがより大きな問題となっており、外国人集住地域と共通する課題も顕在化しつつある。現場ではそれを克服するための創意工夫・試行錯誤がなされていた。

言葉の壁を乗り越えるため、通訳・翻訳の支援やＩＣＴの利用の拡大、書類の簡略化など、多くの要望があげられた。また、文化や生活習慣の違いに対応するため、支援者・保育者らから、親の出身地域の保健医療制度や育児文化・生活習慣についての知識を求める声が多くあった。複雑な家庭環境や子どもへの虐待のリスクに対応するためのソーシャルワーク的支援も必要になっている。子どもの発達や多言語環境で育つ子どもの言葉の獲得についての知識を習得するとともに、母語・継承語を学び伝える機会を保障し、「違い」を認め合える環境をつくっていくことも求められる。外国人女性たちの語りからは、妊娠・出産・子育てへの制度的な支援に対してはおおむね肯定的・好意的な意見が聞かれ、安心感を与えていることがうかがわれる一方で、出身地とのあいだの子育てに関わる社会的ネットワークの違いのために、母親の孤立感・負担感が増している部分があることが分かった。日本の育児ネットワークの相対的貧しさを視野に入れた支援を考えていく必要がある。

豊岡で生まれ育つ外国にルーツのある子どもたち、とくに、外国人の親のみの家庭で育つ子どもたちが増えるにともない、子どもたちの育ちを支える仕組みづくりが必要になっている。妊婦や子育て家庭の転入時に支援者がうまく介入できて、就学前施設・学校・地域などへタイミングよくつなぐことのできる仕組み、外国人の困り事を集約し、必要な支援（行政の担当部署・団体・個人など）につなげる仕組みの構築が求められている。子育て経験のある外国人市民や豊岡育ちの外国にルーツのある青年が支援者として活躍する可能性が期待される（佐々木 二〇二二）。また、外国人市民および支援者のあいだでの経験の蓄積や共有ができる仕組みも重要であろう。

注

＊1　二〇二三年四月時点で六歳以下の者。住民基本台帳データによる。

＊2　外国出身の、あるいは外国にルーツのある妊婦を指す。
＊3　外国出身の、あるいは外国にルーツのある妊産婦と子育て家庭を指す。
＊4　兵庫県ＨＰ「医療と保健が連携した『養育支援ネット』システムについて」参照。https://web.pref.hyogo.lg.jp/kf17/boshi.html（二〇二二年六月一〇日閲覧）。
＊5　九言語（英語、中国語、ハングル、タイ語、タガログ語、ポルトガル語、インドネシア語、スペイン語、ベトナム語）に対応。公益財団法人母子衛生研究会発行。
＊6　外国人の転入者には、『豊岡市リビングガイド』（七言語に対応）と出入国在留管理庁監修の『生活・仕事ガイドブック』（やさしい日本語版）が配布されていたが、分量が多く、外国人の転入者が自分に必要な手続きについて知るには不便があった。そこで、二〇二一年度には外国人転入者向けに、転入の届出に関連する市役所の窓口や地域の子育て支援センター、図書館、日本語教室などに関する情報一覧を載せた一枚物の案内文書（やさしい日本語版）が作成され、配布されるようになった。
＊7　こうした役割の一部は、豊岡市国際交流協会やＮＰＯ法人「にほんご豊岡あいうえお」が担っている。就学前施設のなかには、外国人の保護者にこれらの団体を紹介したり、これらの団体が提供している支援を活用しているところもある。
＊8　ここで取り上げる外国人住民の声は、個人的な経験や情報に基づく語りであるため、その国や地域の現在の制度や状況が必ずしも正確に語られているとは限らないし、その国や地域全体のこととして一般化できないかもしれない。しかし、彼女たちが日本や自分の出身地の状況について、どのように認識しているのかを知ることが大切である。

参考文献

江原裕美・二井紀美子　二〇二二「家庭における言語の選択」荒牧重人他編『外国人の子ども白書』第二版、明石書店、七一―七三頁。
落合恵美子・山根真理・宮坂靖子編　二〇〇七『アジアの家族とジェンダー』勁草書房。
佐々木由美子　二〇二〇『多文化共生保育の挑戦――外国籍保育士の役割と実践』明石書店。
品川ひろみ　二〇二二「乳幼児に関わる課題――保育所を中心として」荒牧他編、前掲書、六三―六五頁。

髙橋脩　二〇二二「発達障害のある子どもと家族」荒牧他編、前掲書、七七―八〇頁。
築樋博子　二〇二二「移動、親の長時間就労と親子関係の変化」荒牧他編、前掲書、六六―六七頁。
松本一子　二〇二二「就学前の子どもたちへの支援」荒牧他編、前掲書、一一一―一一二頁。
李節子　二〇二二「出産、育児とその支援――乳児期の課題」荒牧他編、前掲書、六〇―六二頁。
渡邉洋子　二〇一八「在日外国人小児・家族への母子保健サービスの現状」『チャイルドヘルス』二一（一）：一七―二〇。

第8章　学齢期の子どもたち
――学校からのまなざし、家庭からのまなざし

奥井亜紗子

1　学齢期の子どもをめぐる状況

外国にルーツのある子どもと学校文化

二〇二二年六月末時点の豊岡市において、外国にルーツのある学齢期の子どもは八六人と全児童生徒数五九〇〇人の一・五%を占めている。[*1] 少子化により日本人の子どもの数が大きく減少するなか、豊岡市においても外国にルーツのある子どもの存在感は高まりつつある。

一九九〇年に出入国管理及び難民認定法（入管法）が改正・施行されてから、外国にルーツのある子どもをめぐる施策や研究は、それまで主流であった在日コリアンの子どもから、ニューカマー（おもに一九八〇年代以降に渡日した外国人）の子どもを対象とするものへと広がった。はじめに教育課題として焦点化したのは、彼らの日本語能力の「不十分さ」をいかに補うかということである。文部科学省は一九九二年度より「日本語教育が必要な外国人

児童・生徒」が一定数在籍する学校に、日本語指導をする加配教員や国際教室を設置するなどの施策を行ってきた。

二〇〇〇年代になると、小中学校での参与観察に基づいた外国にルーツのある子どもの実証研究が多数出現し、積極的な日本語指導が含意する同質主義的な日本の学校のあり方や学校文化に関心が向けられるようになる。ニューカマーの子どもに対する日本語指導や適応指導は、「授業が分かる日本語」というより「みんなと同じ行動をとることができる日本語能力」の習得を目指す「奪文化化教育」であると批判された（太田 二〇〇〇）。清水（二〇〇六）によると、教師の指示や子ども同士のやりとりへの反応に大きく逸脱がない程度にニューカマーの子どもが「やれている」状態になるや否や、彼らへの対応が「手厚い支援」から「特別扱いしない」方向へと大きく転換されるという。児島（二〇〇六）は、外国にルーツのある生徒の異質性に対して、あくまでも個人差とする（「差異の一元化」）、あるいは逆に文化の違いを強調する（「差異の固定化」）といった教員による戦略的な差異の管理のプロセスが、平等主義的、同質主義的な学校文化を存続させていることを指摘したうえで、外国にルーツのある生徒が既存の学校文化に挑戦する創造的な適応の様子を描き出した。[*2] これらの先行研究はいずれも外国人集住地域を対象としており、参与観察先としては、「日本語指導が必要な児童生徒」のための加配教員や国際教室があるような小中学校が選定されることが一般的である。

非集住地域の外国人住民に着目した研究そのものの蓄積がまだ比較的少ないなか、坪田（二〇一八）は、非集住地域における二世の学校教育の課題、施策・実践を公立小学校における詳細な参与観察をもとに分析し、集住地域では当然とされる日本語支援でさえ、いまだ「みんな一緒」という平等主義に抵触するものと捉えられる現実を明らかにした。坪田はボランティアによる実践が「特別扱いしない」という教師の認識枠組みを変革させうることを指摘しているが、詳細なフィールド・ノーツから浮かび上がるのは、非集住地域の学校において外国にルーツのある子どもをめぐる「差異の承認」がいかにハードルの高いものであるかということである（坪田 二〇一八：二一三）。

豊岡市の小中学校における学校の対応

豊岡市の公立小中学校における外国にルーツのある子どもの在籍状況を見てみよう。二〇二〇年度時点の豊岡市において、外国にルーツのある子どもが在籍する小学校は二九校のうち一〇校、中学校は九校のうち七校であり、そのほとんどが在籍人数二～四人と若干名である。外国にルーツのある子どもは大きく外国籍の子どもと日本国籍もしくは重国籍――以後「日本国籍」と表記――の子どもに分けられるが、「日本語指導が必要な児童生徒」の可能性が高い外国籍の子どもが在籍する学校はさらに少なく、小学校四校、中学校三校、在籍人数も一～二人程度にとどまっている。それ以外の日本国籍の子どもは、豊岡市においては、その大多数が両親のうち片方、おもに父親が日本人である国際結婚家庭の子どもであった。

学校ヒアリング調査は、上述した外国にルーツのある子どものいる小学校一〇校のうち九校、中学校七校のうち六校を対象に、該当する児童生徒を直接指導している担任教員、あるいはその状況の詳細を知る立場にある教頭・校長から、児童生徒一人一人の教室での様子、交友関係、家庭環境、および学校側の対応や課題について聞き取りを行った。[*3]

学校側の対応は、その対象が外国籍の子どもである場合と日本国籍の子どもである場合で異なっている。まず、外国籍の子どもは、上述の通り、ごく少数の「イレギュラー」であり、それゆえ学校としての対応経験の蓄積が乏しく、ノウハウも共有されていない。ヒアリングでは、「日本語指導が必要な児童生徒」を担当することになった教員が、個人的なネットワークで経験のある教員に助言を仰ぎ、県および市から派遣される子ども多文化共生サポーターやNPO法人の日本語教室スタッフの協力を得ながら、手探りの現場で何とか対応をしている実態が浮かび上がった。

一方、日本国籍の子どもは、例外的な事例はあるものの、生まれたときから日本で生活をしており、日本語でのコミュニケーションにも大きな問題がないケースが多い。ヒアリングでは彼らが「日本人児童とまったく変わらない」「見た目も日本語も同じ」ということが強調され、とくに市内周辺地域の小規模校ではそれが肯定的に語られる傾向が見て取れた。「母親が外国人のケースについて聞かれるとは思ってもいなかった」というように、そもそも彼らを外国にルーツのある子どもと認識しておらず、該当する児童生徒の在籍数を把握していないという学校も一校ではない。日本国籍の子どもに対するこの学校側の極端な関心の薄さは、彼らが「みんなと同じ」という平等主義的・同質主義的な「隠れたカリキュラム」（太田 二〇〇〇）に適応しやすい、あるいは少なくとも教員の目から「適応しているようにみえる」という事情による。

このような外国にルーツのある子どもへの学校の対応の二面性――外国籍の子どもへの「必死の現場対応」、および日本国籍児童への「極端な関心の低さ」――は、外国人住民が突出して多くない非集住地域の特徴といえよう。本章では、この学校の対応の二面性をふまえたうえで、外国にルーツのある子どもの学校生活（第二節）、学校と家庭との連絡や家庭での様子を取り上げ（第三節）、その現状と課題を整理する。彼らのおかれた状況は小中学校に共通する点が多いが、中学生という発達段階に固有の思春期や学業・進路といった問題を教員はどのように捉えているのだろうか。ここでは日本で学齢期の子どもを育てている外国人住民当事者が日本の学校や学校文化をどう評価しているのかについても目配りをしつつ（第四節）、非集住地域に生きる学齢期の子どもの現在地を描き出す。なお、本章で紹介する事例は、先述した学校教員へのヒアリング調査に加えて、外国人保護者、外国にルーツのある子ども当事者、そして多文化共生サポーターや日本語教室スタッフなどへのヒアリングによるものである。

2　学校生活

「日本語が必要な児童生徒」をめぐるサポート

外国籍の子どもを中心とする「日本語指導が必要な児童生徒」は、その多くが学齢期に突如ルーツのある国を離れ、言語も文化も異なる日本の学校に転入してくる。以下は当事者の子ども本人の回顧である。

> 日本に最初に来たころは、まったく日本語が分からない。先生の言っていることとかも、最初は全然分からないっていう感じ。（母親フィリピン人）

> みんな仲良くしてくれましたけど、言葉が分からないので、どう関わればいいいか、分かりませんでした。（両親中国人）

はじめに彼らへのサポートを見てみよう。当該児童を一番前の席に座らせる、見て真似ができるような児童の近くに座らせる、また指示が伝わりにくい場合は個別に指示を出す、といったことは、教室内における担当教員の日常的な配慮である。また、国語や道徳といった日本語ができないと理解が難しい科目の時間には、当該児童のみ漢字プリントの学習をさせることもある。

学外からのサポートとしては、一つは先述した県や市から派遣される子ども多文化共生サポーターによる入り込み支援がある。[*4] サポーターの派遣は週に一～三回、一日四時間以内と限定的であるため、教科のなかでもとくに説明を必要とする国語や、実験等の危険がともなう授業などをサポーターがつく時間帯に回す、といったクラスの時間割の調整が行われている。この制度は、日本語指導が必要な外国人児童生徒に対して、来日一年間は県の予算、その後半年間は市の予算でサポーターをつけることができるものであるが、在留期間が派遣の条件となるため、就学前に来日した児童は、来日時期によっては就学後、日本語ができなくても利用できないといった制度上の問題もある。

もう一つは豊岡市内の日本語教室による支援である。NPO法人「にほんご豊岡あいうえお」と「豊岡市国際交流協会」は、いずれも外国にルーツのある子どもの日本語学習や教科学習支援を行っている。多文化共生サポーターは派遣期間の上限が定められているが日本語教室に通う期間は子どもによって異なり、長く一人のスタッフにお世話になることも少なくない。[*5] 通常は子どもが放課後に教室に行き日本語の学習をするが、スタッフによると、来日当初は学校で自分の思っていることを伝えることができず、「いっぱいいっぱい」で「あいうえお」の教室に泣いて帰ってくる子どももいるという。居場所としての日本語教室の存在意義の大きさは計り知れないものがあるだろう。

子どもの自宅が日本語教室から遠い場合は、スタッフが学校の教室で指導を行う場合もあるが、児童とのコミュニケーションが難しい担任教員に対しても間に入って説明をしたり適宜アドバイスをしたりしている。フィリピン国籍児童が在籍するある小学校では、多文化共生サポーターの派遣終了後、しばらくは外国語指導助手（ALT）

の教員に児童とのあいだに入ってもらって何とかコミュニケーションをとっていたが、そのＡＬＴ教員も最近帰国したため、「支援員（サポーター）もいなくなり、ＡＬＴの助けも借りられないとなると、（今後は）『あいうえお』さんだけが頼り」と述べている。支援が必要な外国にルーツのある子どもを受け入れた学校が、ＡＬＴ教員をも「戦力」としてカウントしつつ、「あいうえお」スタッフを最後の「頼みの綱」としている状況がうかがえる。

課題の切り分けの難しさ

ところで、同じ「日本語指導が必要な子ども」であっても、その「困り感」の程度には当然のことながら著しい個人差がある。*6（中略）低学年時に来日したが「本人が明るく社交的なためクラスにもすぐなじんで、日本語習得も非常に早かった。（中略）まったくといっていいほど問題らしい問題は抱えていない」という高学年児童がいる一方で、就学前に来日したものの日本語がおぼつかないままで授業についていくことができず、「言葉の理解の問題なのか、本人の能力の問題なのか、分からないね、というまま学年を重ねてきた」というように課題の多い中学年児童もいる。「話を聞いていないのか、聞けていないのか、（母国のいわゆるお国柄のような）性格もあるのか……。いつも『どっちかな〜、どっちかな〜』と職員室で話しながら……」といった語りからは、教室現場で日々子どもと対峙する教員の葛藤を垣間見ることができるだろう。

金春喜（二〇二〇）は、日本語が分からない外国ルーツの子どもが「発達障害」と診断され、特別支援学級に編入されるケースが増加していることを指摘している。同様に、豊岡市の学校教員からも、外国ルーツであるということと個別の児童の発達上の問題との切り分けの難しさを指摘する声は目立つ。一般的にいえば、「みんなと一緒」「特別扱いしない」という平等主義的な日本の学校文化は、外国ルーツであるがゆえの困難を正面から直視しづらくする。集住地域で多くの外国ルーツの子どもを抱える学校のように、「差異の固定化」戦略の必要性に迫られる場面が少ない非集住地域においては、なおさら種々の課題を児童個々人の内的要因に落とし込むようなかたちでの「差異の一元化」のドライブが強くはたらく可能性があるといえよう。

学習面・生活面における課題の顕在化

小学校教員へのヒアリングにおいて、日本語指導が必要でない日本国籍児童に関しては、全般的に「まったく問題はない」ということが強調されがちであり、学習面に関しても児童個々人の勉強の出来具合が事実として述べられる。一方、中学校教員へのヒアリングでは、日本語指導が必要な外国籍生徒のみならず、日本国籍生徒の学習面や生活面での気になる様子も言及されるようになる。

> 家庭で規則正しい生活ができない。ほっておいたらずっとゲームをしている。
> （母親ベトナム人）

> 学習規律ができていない。机に向かっているのが難しい。家庭学習の習慣もない。提出物も出してない。
> （母親フィリピン人）

> 身の回りの整理整頓が難しく、忘れ物が多い。「朝起こしてもらえないので遅刻しました」ということが時々ある。
> （母親フィリピン人）

中学校では生徒間の学力差が目に見えるようになり、高校進学が視野に入ってくるなかで、成績のもつ重みも増してくる。外国にルーツのある生徒の学力の問題は、外国ルーツを特別視しないという学校の平等主義の理念に沿って、基本的には本人の資質や個性の問題として受け止められている。しかし、中学校での学習面の課題は教室での勉強の出来不出来のレベルにとどまらず、生徒の家庭での生活規律や学習習慣まで総合的に見られるようになるため、教員の認識においても外国人保護者の出身国や地域による文化的差異が前景化してくる側面があるといえる。

ただし、中国人保護者の場合は、むしろ日本人の保護者以上に教育熱が高いというイメージがあり、実際、中学校教員へのヒアリングでは、以下の中国ルーツの生徒のように、学習面での課題がなく、高い学力を身につけて将来に対して明るい見通しをもっている事例が報告されている。

学力的に問題はなく、レベルの高い高校を志望している。また中国語検定も受けており、母親とは中国語で会話をしている。（母親中国人）

勉強はよくできる。（中略）高校は公立高校（地元進学校）を希望しており、大学進学も目指している。学力は学年でもトップクラス。（両親中国人）

他方で、同じ中国人の母親をもつ生徒でも、本人が「勉強が嫌い、しんどいことが嫌い」にもかかわらず「（中国人の）母親が大変厳しくしつけるため、そのためかえって不登校になってしまう」というケースもある。こうした教員の語りからも、良きにつけ悪しきにつけ、学習面や生活面での特性が外国ルーツと結びつけて解釈される傾向が出てくる様子が見て取れる。

異質性をめぐるそれぞれのふるまい

学校現場において、外国にルーツのある子どもの異質性はどのように受け止められているのだろうか。ヒアリングを通じて浮かび上がるのは、教員が「みんなと同じ」からの逸脱に対して慎重に配慮をし、また戸惑いもしているということである。外国にルーツのある子どもに周囲と違う課題をさせる場合、教員は「クラス全体に（そのことを）説明して理解を促すようにしている」という。また「外国にルーツのある児童のよいところを意識して他の児童に伝えるようにしている」と話す教員もいる。こういった配慮は、日本人児童生徒から「差異の承認」を取り付けようとする教員の日常的実践と捉えることができよう。

ただし学校全体として多文化理解のための取り組みをしているか、というと、ＰＴＡの会合などでの話の流れで「たまたま」外国人保護者にお国の料理を作ってもらった、という事例が一例あったものの、それ以外での積極的あるいは継続的な多文化理解教育を行っているケースは見られなかった。なかでも日本国籍の子どもしかいない学校では、多文化理解教育をすることで入学前から一緒に育ってきた「仲間」の異質性を強調することになるのでは、という躊躇を示す教員が少なくない。

小学校教員の目から見ると、周囲の日本人児童は、とりたてて多文化理解教育などをせずとも、自然に外国にルーツのある子どもの存在を受け止めているように見えるという。ある豊岡出身の小学校教員は、「以前（の豊岡）は本当に閉鎖的で外国人を見ると引いているようなところがあったが、現在の児童は普通に同じ友達という考え方になっている」として、「（日本人児童にとっても）もっと広い世界に出ていっても、田舎にいたことが不利にならないのではないか」と好意的に受け止めている。

教員と児童との感覚の隔たりを象徴するのが、在外邦人児童の体験入学をめぐるエピソードである。これは海外在住の国際結婚の子どもや駐在員の子どもが居住地の学校の夏休み期間などを利用して、一時帰国中に日本の学校に体験入学するというものである。母親の地元の小学校に毎年定期的に入学するのが一般的であり、豊岡市内でもいくつかのケースがあるが、受け入れる側の日本人児童は「また今年も来たね」「おかえり〜」とごく自然に受入れているという。教員によると、近年は外国に戻ってからも児童同士がオンラインゲームでつながり続けているため、一年ぶりに来ても「（日本人児童の輪のなかに）すっと入れるようだ」という。児童同士の世界は、とっくに教員の懸念や空間的な隔たりをも超えて「グローバル化」しているということができるだろう。

こうした雰囲気のなかで、外国にルーツのある日本国籍児童自身も外国ルーツであることを周囲に隠しておらず、また教員の目には「とくに意識もしていない」ように見えるという。「あけっぴろげに」「（外国ルーツであること）平気で言うんですよ」といった表現からは、むしろ教員自身が、彼らの異質性が可視化されることに戸惑いを覚えている様子がうかがわれる。

エスニシティの表出に対する自覚と戸惑い

教員の目に映る外国にルーツのある児童のこうした「あけっぴろげ」な態度は、しかしながら、思春期に入る中学生になると少し様相が変わってくるようである。

外国にルーツのある高校生本人へのヒアリングによると、中学時代は「クラスのなかで目立ち過ぎない方がいい」と考え、「周りの人がどんなふうに振る舞っているのかを、結構見ていた」という（母親フィリピン人）。この

「目立ち過ぎない方がいい」という意識の背景には、小学校でのヒアリングではほとんど聞かれなかった周囲の生徒からの「いじり」があると考えられる。ある生徒は同級生からミドルネームを冷やかされるようになった。教員によると、「人のよい子なのであまり言えないが、結構いじられる」「最近は周りの子も成長してきて言わなくなったが、ふざけたときにちょっとからかうというか、『いじる』対象になる」（母ベトナム人）という。

たとえ周囲の日本人生徒にとっては悪気のない「いじり」であったとしても、そうした周囲の反応を嫌い、自身のルーツをあからさまにしたくなくなることは想像に難くない。それは、「学校ではいっさい中国語を口にすることがない」「（母親とは中国語で話しているが）『中国語でしゃべって』と言ってもしゃべらない」というように、母語・継承語を話すことへの抵抗感や、[*7] また以下の教員の語りに見るように通名（日本風の名前）への変更というかたちで顕在化する。

最初ミドルネームがあったが、途中で日本風の名前にした。それまでは二重国籍だったが、日本国籍を選んだ。本人はおそらくミドルネームがあるのが嫌だったのではと思う。（母親フィリピン人）

もともとは中国名だったのが、学校では中国名は隠して、通名（日本名）を使っていた。いじめられやすいタイプの子だった。（母親中国人）

もっとも、なかには中学校入学を機に、それまでは日本名だったところからフィリピン名を併記するようになったという事例もあり、必ずしもルーツを隠す方向に向かうわけではないものの、思春期になると自身のルーツに対して小学生のころとは異なった意識と難しさが生じてくるということができるだろう。

3　学校と家庭

家庭との連絡の困難

続いて本節では、外国にルーツのある子どもの家庭と学校のやりとりについて見ていこう。二〇一九年度の外国人住民調査では、子どものいる外国人住民に対して「子育てに関して困っていること」を問う項目を設けた。この結果を見ると、「学校からの手紙を読むこと」（一一人）がもっとも多く、その次に「学校の先生や他の親との会話」（五人）、「子どもの日本語の勉強」（五人）が続く。とくにフィリピン、ベトナム系の外国人住民にとって、学校からのお便りのハードルは高く、担当教員は、「やさしい日本語」を使う、あるいは通信にフリガナをつけるなどの対応をしている。[*8] あるフィリピン人の保護者は、学校からの手紙で分からない部分に線を引いて連絡帳に貼りつけてくるため、担任教員はそれをかいつまんで平仮名にして渡したり、電話をして説明したりしている。また、電話ではきちんと伝わっているかどうか心もとないケースでは、担任教員が直接家に行って話をすることもある。ある中国人保護者の場合は、連絡帳を写真に撮ってＬＩＮＥでサポーターに送り翻訳してもらっているといい、それぞれに精一杯の努力をしている様子がうかがえる（豊岡市 二〇二〇）。

先述したように、豊岡における日本国籍の子どもは、そのほとんどが日本人の父親の国際結婚の家庭である。比較的若く、ＰＴＡの役を引き受けたり授業参観や懇談に出席したりなど積極的に学校に関わる父親の場合、学校は家庭との連絡にほとんど問題を感じないのであるが、一般に国際結婚は両親の年齢差が大きく、そして高齢の父親ほど学校にあまり関わらない傾向があるという。ベトナム人の母親は日本語でのコミュニケーションが難しく、日本人の父親もほぼ連絡がとれない、というような児童のケースでは、隣の小学校区に婚出しているおば（父親の姉）や近所に住む他の児童の保護者を通じてどうにか連絡を取り持ってもらっているという。

母語／継承語習得の重要性

このように外国人保護者とのやりとりの段階で困難を抱えるケースも少なくないなかで、教員の関心は、外国にルーツのある子どもが授業についていけているかどうか、クラスになじんでいるかどうか、という学校のなかでの目に見える範囲の対応で手一杯になりがちである。ヒアリングにおいて、外国にルーツのある子どもが家庭で外国人保護者とどの言語でコミュニケーションをしているのか、という質問をしたところ、外国籍の子どもについては外国人の親の母語だろう、とのことであるが、日本国籍の子どもについては、すべての学校で「とくに把握していない（が、おそらく日本語ではないか）」という回答であった。また母文化の維持継承のために家庭で何かしているか、ということについても、ほとんどがとくに把握されていなかった。

日本国籍児童しか在籍経験のない小学校の教員に、もし外国籍児童が入学してきたらどうするかと問うたところ、「字が書けるようになるまでや、コミュニケーションがとれるようになるまでは気にかける必要があるだろう」と回答しており、とりあえずは学校においてとくに言葉の面で「やれている」段階にもっていくことができればゴールと捉えられていることがうかがえる。

しかし、実際には、日常的な会話で用いられる日本語と学習に必要ないわゆる「学習言語」は異なるため、コミュニケーションがとれていても、後者の日本語が習得できていなければ授業についていくことは次第に難しくなる。また、日本語が堪能で学校でのコミュニケーションに問題がなかったとしても、母語ができないことで成長するにつれて親子間での細やかな意思疎通が困難になってくるケースも見られた。近年はこれまで軽視されがちであった母語・継承語教育の重要性が認識され、日本語教育と同様に公的レベルでの支援が必要という議論が日本においても見られるようになっている（范 二〇二一）。

実際、中学校に入ると、外国にルーツのある生徒のなかには保健室に登校したり不登校傾向があったりする者も出てくるが、その背景要因の一つとして教員が懸念するのが、親子間のディスコミュニケーションである。

> 母親は日本語が不自由なので、意思の疎通をとることが難しく、家庭内で話を聞いてくれる人がなかなかいないのかもしれない。年上の父親も仕事が忙しく、話を聞いてもらうことが難しいのかもしれない。
>
> （母フィリピン人）

> 母親の日本語能力は何とかコミュニケーションがとれるという感じ。（中略）細かい事柄は（母親に）分かってもらえないのではないかと感じている。（中略）母親と何語でコミュニケーションをとっているのかは分からない。
>
> （母フィリピン人）

もっとも、教員の多くは「このようなことは中三の生徒にはよくあることで、彼女だけが特別ということではない」など、こうした懸念が外国ルーツのみに起因するのではなく、中学生に一般的な種々の問題――思春期であること、スマホ依存など――との複合的な要因によるものである、という注釈を付け加えることを忘れない。小中学校でのヒアリングを通じてあらためて見えてくるのは、教員が一教育者として、彼らの課題を外国ルーツであるがゆえの問題に帰してしまうこと、あるいはそのように見なしていると受け取られることに対して強い抵抗感をもち、またともすればそれにがんじがらめになっている姿である。

4　外国人保護者からみた日本の学校文化

平等主義的な学校文化へのまなざし

教員が感じる抵抗感は、「みんな同じ」という平等主義的な学校文化に根差すものである。多様性を受容しにくいという点において、この文化は先行研究でも批判の対象となってきたが、外国人保護者はこの特有の学校文化をどのように見ているのだろうか。

中国、フィリピン、ベトナム人保護者へのヒアリングからは、彼らがこの平等主義的な学校文化に必ずしも否定的なだけではないということが分かる。

経済格差の大きい国から来た外国人保護者からすると、「みんな同じ」――実際には違うにせよ――が標榜され、またそれが一定程度成り立ちうること自体が新鮮である。

（母国では）お金持ちの子どもが行く学校には、クーラーもあって、椅子とかがある。貧乏な人が行く学校は、椅子もない。

（日本では）その子のお父さんはどこかの社長、ここのお父さんは仕事がない。でも同じ学校に通っているのはすごいなと思いました。[*9]

（フィリピン）

そもそも富裕層と庶民では通う小学校から違うのであり、同じ小学校のなかでも家庭の経済力によって「何もかもが違う」という。

お金持ちの子どもは髪にキラキラの大きな花のついたような髪飾りをする。貧乏な人は、何もないただの黒いゴムだけ。教科書は買わなければならない。お金持ちの教科書は新しい。貧乏な人は買えないので、先輩から借りたりして探さなければならない。学校で貸してくれる教科書もあるが、いろんな人が使ったものなのでボロボロ。

（フィリピン）

親がお金を持っているかいないかで、持ち物も着る制服も食べる物も異なるのが当然であるフィリピンから来ると、皆が同じ内容を勉強し、同じ給食を食べるだけでなく、格差が可視的にならないように髪留めなど身につけるもの一つにも細かい指定がある日本の小学校の平等主義的なあり方は、時に好ましく受け止められるものでもある。

三年生の子どもが「日本はいいなあ、みんな同じだから」と言っていた。フィリピンだと違うので、うらやましい気持ちが出てくる。（中略）貧乏な人は何もない。お金持ちの子どもはいろんなものを持っているので人気がある。

（フィリピン人多文化共生サポーター）

とはいえ、外国人保護者にとって、日本の小学校の細々したルールに適応していくことは簡単なことではない。「あいうえお」では、小学校入学前の子どもがいる親を対象に就学前説明会を実施し、学校で使う筆箱や給食袋などの実物を見せて、どこで買えるのかなどを含めて事細かに説明しているが、児童の持ち物の一つ一つに名前を書くことに驚かなかった外国人保護者はいないという。持ち物すべてに四苦八苦しながら漢字で名前を書いたにもかかわらず一年生は平仮名で書くことになっていた、水筒を持って来るようにとの指示に空の水筒を持って行かせてしまった、といった外国人保護者の数々の「失敗」エピソードは、彼らにとって、平等を担保するための細かいルールや種々の「暗黙の了解」についていくことが、いかに大変なことであるかを示しているだろう。

日本の小学校における勉強の位置づけ

日本の小学校には、勉強を教えるだけでなく、集団生活やしつけといった生活面での指導を行う場所としての意味づけが少なからずあることは、周知の事実である。これにまつわる外国人保護者のカルチャーショックの例を二つあげておこう。

中国人保護者にとって、日本の小学校の運動会行事は相当理解しがたいものであるらしい。中国の小学校では運動会はあっても個人間の競争が中心で、賞品の獲得を目的とした運動会であることが多い。そのため、日本の小学校においては二学期に入ると早々に運動会の準備が始まり、賞品がないにもかかわらず行進や組体操の練習を毎日熱心に行うことには非常に驚きを感じたという。[*10]

あるフィリピン人の母親は、母国の小学校では児童に掃除をさせる慣習がなかったため、学校から雑巾を持って来るようにという連絡があったときは、「なぜうちの娘が掃除をさせられるのか」と非常に不審に感じたという。

だが、給食当番や掃除当番、整理整頓などの生活指導は、知ったばかりのころは意味が分からず戸惑うものの、その具体的な内容や意図が分かると、それはそれで「将来のために役立つ」と評価する向きもある。

日本の学校教育のシステムや勉強内容についての評価は出身国によって異なる。フィリピンではお金がないと小学校さえ行かない子どももいるため、義務教育で教科書も支給される日本の小学校に対する評価は高い。算数などの進み具合は日本の方がかなり早いという。フィリピン、ベトナムの小学校と比べると日本の小学校の宿題は多い方だという。

一方、中国人保護者からは以下のような真逆の意見が聞かれた。

日本の教育はダメだと感じる。先生の要求は低いし、宿題は何点でも花丸をつけている。（中略）これからのより厳しい社会を生き抜くには、子どものうちから頑張らないといけない。とりあえず、学習面では私が厳しく、中国式のやり方で育てたい。（中国）

このように評価は異なるものの、中国、フィリピン、ベトナムの小学校は、日本と比較して勉強を教える機関としての位置づけが明確という点では共通している。教員の方が保護者よりも立場が上という上下関係がはっきりしているため、日本でいうところの「モンスター・ペアレント」は彼らの母国ではほとんど存在しないらしい。外国人保護者から見ると、日本では教員の方が保護者に過剰なほど気を使っており、概してフレンドリーで相談しやすい印象があるという。

日本の先生は生徒一人一人にきちんと対応するような感じをとって、自分も先生と気楽に話せる。フィリピンでは生徒の成績によって先生の対応は異なる。

（フィリピン）

「教員＝勉強を教える人間」という位置づけが明確であるということは、専門家としての教員の評価は、教える子どもの成績に左右されるということでもある。中国では子どもの成績によって教員の給料が変わるため、「平等に、という̇だ̇け̇では̇や̇っ̇て̇い̇け̇な̇い̇」のであり、お金持ちの家の子どもや成績のよい子どもが優遇されることもめずらしくないという。日本の学校教員の「どの子どもに対しても平等に」という徹底した姿勢は、格差と競争の社会から来た外国人保護者にとっては印象的なもののようである。

娘は算数が苦手で宿題もあまりせず、成績もよくないので、先生が心配して算数の練習カードを作って家まで持って来てくれた。優しいと思った。

（ベトナム）

こうした成績の振るわない児童に対する教員の細やかな個別対応は、逆説的ではあるが、日本の小学校教育において勉強が一番重要なことではないからこそ、ということができるだろう。

この相違が象徴的に現れるのが原級留置（留年）の有無である。フィリピン、ベトナム、中国では、小学校においても学年に応じて学ぶべきことが学べていない場合は留年することもあり、逆に成績のよい児童の場合は飛び級もある。あるフィリピン人の母親は、学校から「懇談会があるので来てください」という呼び出しの連絡があると、「もしかしてうちの子、学年が上がれませんって言われるのではないか」と不安になると述べている。

日本の小学校においても制度上原級留置は可能であり、校長には留年をさせる権限があるものの[*11]、実体として原級留置されることはない。日本の義務教育は強固な年齢主義に基づいており、勉強の出来不出来以上に「同年齢の子どもたちと一緒に学ぶこと」が重視されるためである。留年した児童が学校に行きたくなくなってやめてしまうケースもあるため、フィリピン人保護者からすると、留年がなく自動的に上の学年に上がっていける日本の子どもたちは「恵まれている」という。しかし、勉強しなくても中学卒業まではできてしまうので、外国人保護者のなかには、自分の子どもはきちんと進学できているのだから勉強についていけているはずと勘違いしてしまい、いざ高校受験の段階になって進学できる高校がないことを知って慌てるケースもあるという。

以上の事例はあくまでも数少ないヒアリングの限りであり、ここで紹介した内容がそれぞれの国において必ずしも一般的なケースではない可能性があることは断っておく必要がある。それでも、日本の平等主義的な学校文化は、さまざまな階層的背景を有する外国人保護者にとっては好ましい面もあるということができるだろう。

5　平等主義の〝軛〟を超えて

本章では、豊岡市における外国にルーツのある学齢期の子どもの現状について見てきた。非集住地域の豊岡市では、「日本語支援が必要な児童生徒」指導のノウハウの蓄積がないなかで、現場の教員が手探りで外国籍の子どもの対応をしている。日本国籍の子どもの問題は相対的に不可視化される傾向があるが、ヒアリングからは、小学校から中学校に上がるなかで、日本国籍の子どもにおいても学業や自身のルーツの自覚、親とのコミュニケーションなどの場面で一定の課題が見えてくることが分かった。

これに対処するには、まず外国籍の子どもに関しては、それぞれの小中学校において「日本語支援が必要な児童生徒」の指導経験の蓄積を継承し相互に共有することで、対応する教員個人の頑張りに過度に依存しないような仕組みづくりが求められる。そのうえで、日本国籍児童に関しても、学校でのコミュニケーションに問題がなければよしとするのではなく、家庭での状況をもう一歩踏み込んで把握しつつ、長い目で成長の過程で生じる課題を見守る姿勢が必要となるだろう。

日本国籍の子どもの課題の芽を見えにくくするのは、「みんな一緒」であることをよしとする日本の平等主義的な学校文化である。この文化はさまざまな局面において、外国にルーツのある子どもに対する教員の意識と行動を規定しており、ときとして身動きをとりにくくもしている様子がうかがわれた。一方、当事者である子どもや子どもを学校に通わせている外国人保護者は、この日本の学校文化を必ずしも否定的に捉えているわけではない。ヒアリングからは、むしろあからさまな格差社会に慣れてきた目からは好ましく映る面もあることが示された。

しかし、平等主義という真綿でくるまれた学齢期を過ごすことには、以下のようなリスクもあるだろう。一つは、慣例的に原級留置をしないという例に見るように、目の前にある問題を先送りにしてしまいかねないリスクであり、もう一つは、外国にルーツがあるという異質性を「みんなと一緒」から外れる部分としてではなく、アドバンテージとして積極的に位置づけることで得られたかもしれない、生きていくうえでの「強み」を掴みそびれるリスクである。一例をあげるならば、母語・継承語の習得に対する目配りと支援が可能になれば、単に親子間の意思疎通がうまくいくかどうかという次元を超えて、外国にルーツのある子どもにとっての分かりやすい「強み」ともなるだろう。

文部科学省は二〇二三年度予算概算要求に、数学や語学など特定分野で突出した才能をもついわゆる「ギフティッド」の児童生徒の学習支援事業費を盛り込んだ。これは、徹底した平等主義を標榜してきた日本の学校文化の曲がり角を象徴する動向といえる。「ギフティッド」と同様に、外国にルーツのある子どももまた、同質性による包摂の段階を超えて、異質性を正面から受け止め「アドバンテージをもつ子ども」として位置づけることが求められる。

注

＊1　児童生徒数は二〇二二年四月六日時点。
＊2　近年は、こうした学校文化を乗り越えて多文化共生の学校づくりを行う実践的な事例報告もあげられるようになっている（山脇・服部編　二〇一九ほか）。
＊3　残る一校は紙面による回答を得ている。
＊4　豊岡市教育委員会によれば、但馬在住のサポーターは三〜四人程度と少なく、他地域のサポーターに来てもらうこともある。サポートを受ける児童生徒がまだ若干名であるため、現状は何とか回っている状態であるが、出身国が多様化するにつれて、対応できる人材の確保はより困難になっているという。
＊5　親が一足先に来日して通っている日本語教室に後から呼び寄せた子どもを通わせるというパターンもあり、親子揃ってお世話になっていることも少なくないという。
＊6　国際結婚の連れ子として来日した中国人児童を担当した教員によると、「（そもそも）何を困っているか、ということを聞き出すことが難しかった」という。日本語がある程度理解できるようになっても、人前で日本語を話すことに恥ずかしさがあり、反応がないことから理解しているのかどうかが分からず不安だったという。
＊7　小中学校でのヒアリングにおいて「いじめ」についての事例は報告されていない。しかし、当事者への聞き取りではそうし

た経験にも触れられている。中国にルーツのある子どもは、大学に入ってから初めて教科書的に中国語を勉強しているが、「小中学校でのいじめの経験から中国語が嫌になっていた」と語っている。

＊8　こうした状況は、第六章で紹介されたプリント翻訳サービス（二〇二三年度スタート）によって大幅な改善が見込まれる。

＊9　ただし、富裕層も貧困層も同じ学校に通うということは、当事者である子どもにとっては必ずしも快適な環境とはいえない側面もある。出身国で富裕層の子どもが通う私立学校から豊岡市の公立学校に転入してきた子どもへのヒアリングでは、生活環境や価値観が異なる同級生のなかから気の合う友人を見つけることが難しかった、との声が聞かれた。進学した私立高校では価値観の合う友人ができたとのことから、エスニシティ以上に経済階層に起因する価値観の違いを超えることに難しさを感じていたことが推察される。

＊10　ある中国国籍の高学年児童は、二学期に転入して早々に運動会の練習が始まり、体格のよさから言葉も分からない状態で組体操の土台役に配置され、毎日砂だらけになることに強いストレスを感じていたという。教員も行事の意義を理解してもらうことが難しかったといい、当時の児童の様子を「もう本当に痛々しかったです」と回顧している。

＊11　「校長は、児童生徒の平素の成績を評価して、その学年の課程の修了または卒業を認めることができないと判定したときは、当該児童生徒を原学年に留め置くことができる」（公立小中学校管理規則第七条第一条）。

参考文献

太田晴雄　二〇〇〇『ニューカマーの子どもと日本の学校』国際書院。

金春喜　二〇二〇『「発達障害」とされる外国人の子どもたち――フィリピンから来日したきょうだいをめぐる、一〇人の大人たちの語り』明石書店。

児島明　二〇〇六『ニューカマーの子どもと学校文化――日経ブラジル人生徒の教育エスノグラフィー』勁草書房。

清水睦美　二〇〇六『ニューカマーの子どもたち――学校と家族の間の日常世界』勁草書房。

坪田光平　二〇一八『外国人非集住地域のエスニック・コミュニティと多文化教育実践――フィリピン系ニューカマー親子のエスノグラフィー』東北大学出版会。

豊岡市　二〇二〇「二〇一九年度豊岡市・神戸大学共同研究『外国人住民に関する調査研究』報告書」https://www.city.toyooka.lg.jp/_res/projects/default_project/_page_/001/011/099/houkokusho.pdf（二〇二二年九月三〇日閲覧）。
范文玲　二〇二一「大阪市・豊中市における外国人児童生徒に対する教育支援――母語教育に焦点を当てて」『東京学芸大学紀要人文社会学系Ⅰ』七二：一〇九―一一七。
山脇啓造・服部信雄編　二〇一九『新多文化共生の学校づくり――横浜市の挑戦』明石書店。

【インタビュー3】

支援活動の広がりと難しさ――「にほんご豊岡あいうえお」

岸田尚子さん（NPO法人「にほんご豊岡あいうえお」副理事長）

――「あいうえお」では、多くの地域住民や地元企業からの賛助、そして市の補助金などをもとに、地域のボランティアの人々を中心としながら、外国人住民への生活支援、日本語学習支援、子どもや家族への支援、地域住民との交流や居場所づくりなど、広範な活動をされていますが、そのなかでどのようなことを大切にされていますか。

岸田　私としては、言葉や文化・習慣の違いからくる問題は、後から何とかできるはずだと思っています。その前に、まずは同じ「ひと」として対等でありたいです。また、嬉しいときはその嬉しさを分かち合えば、倍嬉しいし、悲しいときはその悲しみを分かち合えば、つらさも半分になる。そんなふうに互いの思いを分け合い、共有できたらいいなと思っています。日本に親戚がいる外国人は多くないと思いますが、私はそうした人たちにとって、時にはお姉さんであったり、お母さんであったり、血はつながってはいないけれどもそんな存在でありたいと思っています。

私の気持ちとして、ここは「何か困ったことがあったら来てね」ではなくて、「困ったことがなくても来てね」という場所なんですよね。市で働いていたときは、外国人支援専用の部屋というものはありませんでした。せっかく来てもらっても立ち話がせいぜいで、ゆっくりとは話せないことも多かったんです。ですから、私もボランティアの皆さんも「自分たちの場所がほしい」とずっと思っていました。「あいうえお」を始めて自由に使える空間ができると、とくに用事はないけれど近所を通りがかったから来たとか、自分の国の料理を作ったから一緒に食べようとか、そんなかたちで立ち寄ってもらえるようになりました。「今までは車のなかでランチをしていたけど、ここで食べていい」「次の打合わせまで時間があるからここで勉強してもいい」「分からないことがあるときに聞きに行っていい」とかね。私たちだけでなく、外国人の皆さんもこんな場所があればいいなと思っていたんだな、ということを実感しました。

――「あいうえお」では外国にルーツのある子どもの支援活動もされています。取り組みのなかで、どのような問題があると思われましたか。

岸田　最近本当に思うのは、外国にルーツのある子どもたちは親の事情に大きく左右されるんだなということです。親は自分の意思で日本に来たわけですから、やはり仕事を優先して物事を考えることが多いようです。そうするとその子どもは、昔の言葉でいえば「鍵っ子」のような状態におかれることがしばしばあります。親と一緒に住んでいても、仕事が忙しくて休日にもどこにも行かない、というか行けない。せっかく豊岡にいるのだから、いろんなものを見てほしいなと思います。たとえば豊岡市にはいくつかの博物館がありますが、そこで面白そうな企画があっても、そもそもそういう情報を知らず、また親がそこに連れていくような時間も手段もない子どもたちがいます。でも、そうした展示物、また地域の自然や文化に触れることで、世界にはこんなにもいろいろな面白いものがあるんだということを知ってほしい。そんな経験が、もしかしたら進路や将来を考えるときのヒントになるかもしれないでしょ。「そういえば、私はあんなことに興味があったから、こっちの道に行けるんじゃないかな」とか。こうやって、未来の選択の幅を広げてあげられたらなと思っています。単に学校の勉強ができるできないみたいな小さいことじゃなくて。教育は親の責任だ、と言ってしまえばそうなのかもしれないですが、外国から日本に来た親にはどうしても不得意なことやできないことがあります。そこに関わっていく必要があるわけです。それはもしかしたら「お節介」なのかもしれませんが……。

――そうした子どもや外国人住民がよりよく生きていくためには、「あいうえお」さんのような組織や個人のボランティアだけではなく、もっと広い関わりが必要になりますよね。

岸田　豊岡でも今、外国の人が本当に増えてきています。「お節介」という表現にはマイナスなイメージがあるかもしれませんが、せめて隣近所の人同士での適度なお節介は大いにしてもらえればいいなと。世話を焼くことが好きなお兄ちゃん、お姉ちゃん、おじいちゃん、おばあちゃんが地域に一人でも増えることが大切だと思います。それは国や言語とかは関係ないですよね。たとえば、外国出身のお隣さんやその子どもさんが悲しそうな顔や困った様子をしていたら、日本語が通じなかったとしても「どうしたの」ってひと声かけるだけでも違ってくると思います。豊岡は小さいまちですから、隣近所の目や噂がどうしても気になるというか、私が思春期のときも「もうほっといてよ！」と思っていました（笑）。でも、それはお互いをちゃんと気にかけているというか、見守っていてくれる文化がここにはあるということですよね。せめて、地域に住んでいる人に対しては、ただの「外国人」ではなく、「どこそこから来た誰々さん」とか「なになに君のおばあちゃん」だということを知るだけでもだいぶ変わってくるし、また何かあったときにはお互いに助け合える関係にもなれるかなと思います。

もう少し広く子育ての話をするなら、これからは地域で子どもを育てていく必要があります。うちの子どもだからとか、そうじゃないからとかではなく、ここで暮らしているんだから地域のみんなで育てていかないといけないし、もちろんそれは外国にルーツのある子どもかどうかも関係ありません。言葉や習慣、文化が「まったく関係ない」と言ってしまうと語弊がありますが、子どもに対してもまずは一人の「ひと」として接していかなくてはと思います。もし言葉が十分に通じなかったとしても、誰かが隣にいてくれて、極端な話、身振り手振りでもいいから、こうしたらいいんだよって教えてくれるなら、いつか必ず理解してくれるはずです。本当は日本語教室だけではなく、地域にそういう人や場所があるのが理想なんだと思います。

それは外国人だけのためではなく、高齢者のことにしても、子どものことにしても、障がいのある人のことについても同じだと思います。やはり地域で共に暮らしていかないとなって思っています。私たちはたまたま外国人を中心にしていますが、それはいずれ地域に生きるみんなのためにもなることです。

もちろんこれは、実際にどうすればいいかはなかなか難しいことで、私たちも三〇年あまり活動して、まだこれだけしかできていないのか、と思われるかもしれません。でも、私たちがしてきたことは間違ってなかったんだなって今では思っていますし、「あいうえお」の支援者の人たちにも同じ自負があると思います。「お節介」な人になってしまう場面もあるかとは思いますが、それくらいの勢いの人がいないと、やはり困っている人を支えていけないのかもしれませんね。

――岸田さんは学生時代に留学を経験されているそうですが、それが今の活動の根っこにあるもの、原動力の一つになっているのでしょうか。

岸田　高校二年生のときに一年間アメリカの高校へ留学しましたが、もちろん最初は辛いこともありました。英語は出てこないというか話せないし、日本語は通じない。そうするうちに、私のなかで、言葉が喪失してゆくような感覚がしてきて、何だか人格まで変わってしまったような気がしたんです。もう人には会いたくないし、学校も行きたくないし、何かしたら誰かに見られている感じがするし。言葉を失うということは、人の性格まで変えてしまうんだということを実感しました。ただ幸いなことに、ホストファミリーの人々とは、言葉はうまく通じなくても、心は通じていたというか、言いたいことや気持ちは理解し合えていました。そんな立場の人がもっといてくれたらいいのにな、と思うようにもなりました。帰国して大学を卒業した後、何かお礼をしたいと思ってもう一度ホストファミリーに会いにアメリカに行きました。そこで言われたのが、「私たちにお礼はしなくていい。その気持ちを今あなたの住む地域に来ている人に使って」という言葉でした。こんな経験や言葉が、自分のなかで活動の原動力になっているのかもしれません。

――活動をしていて嬉しかったこととして、どのようなことが思い浮かびますか。

岸田　豊岡市で生活している外国人のなかには、任期が切れたら帰らないといけない人もいます。でも、彼らのうちにはまた帰って来てくれる人もいます。第二の故郷はここだって言ってくれる人だっているんです。新婚旅行で来てくれた人もいましたね。また、豊岡で出産したけれどもしばらくして帰国した家族が、子どもが学校を卒業してひと段落ついてから一緒に遊びに来てくれたこともあります。そういうことは嬉しいですよね。帰ってきてくれるというか、わざわざ豊岡に来てくれるんです。そして何よりも、「あいうえお」で学ぶことによって、自分で考え、自分の気持ちを表現できるようになったとか、自分で何かができるようになったとか言われることも本当に嬉しいです。

――とても素敵なお話をお聞きすることができました。同じ地域に暮らす人として接していくような関係づくりができると、お互いに気持ちよく、安心して暮らすことができますよね。どうもありがとうございました。

（聞き手：齊藤優、作成：齊藤優・佐々木祐）

おわりに

私が豊岡に初めて調査に入ったのは二〇一〇年ごろである。中国やベトナム、フィリピンから来た国際結婚女性にインタビューするため、スキー場のロッジや駅前の喫茶店など、指定された場所に出向いて、一人ずつお話を聞いたのが最初だった。第八章の執筆者である奥井亜紗子さんは、それより前の院生時代から、豊岡を含む但馬地域の山村部で、集落調査を行っていた。

このように神戸大学社会学研究室では、長きにわたり豊岡（但馬地域）で調査をしてきた。だから豊岡は私たちにとって「馴染み」の地域であり、豊岡市との共同研究の話が出たときも、いつもの調査のつもりでお引き受けした。ところが、二〇一九年から三年に及ぶ豊岡市役所との共同研究は次元が違った。市役所をハブとする地元の力は想像以上であった。

いつもの調査は人間関係を作るところから始まる。それまでのネットワークをもとに、会いたい人を紹介してもらい、一歩ずつネットワークを広げていく。ところが、市役所とタッグを組むことで、「オモテ」からも「ヨコ」からもサポートが得られた。たとえば「オモテ」から。教育委員会に連絡を入れてもらうことで、学校調査がスムーズに進んだし、保健師さんに話を通してもらうことで、乳幼児検診の場への参加許可が得られたりした。それだけではなく、「こんな方に話を聞きたいのですが、どうしたらいいですかね」とそれとなく話しておくと、やがて共同調査の市側の担当者である木内純子さん（インタビュー2参照）から「部内の○○さんのお隣さんの自治会長さんに話が聞けるようになりました」と、連絡が入る。こんな感じで市役所の職員さんの個人的なツテという、

「ヨコ」からのサポートにも助けられた。そして、豊岡に行くと、ほぼいつも木内さんが調査に参加してくれた。参加してくれたというよりも、しばしば現場まで連れて行ってくれた。おそらく豊岡市にとっても、これほど「こき使われた」調査は初めてだったのではないか（私たちも片道四時間かけて何度調査に通ったことか！）。木内さんも、当時の政策調整課も、谷岡愼一部長（くらし創造部）も、おもしろがってくれた（と思う）。

また、豊岡調査について学会でセッションを組み報告を行った際には、木内さんや谷岡さん、「あいうえお」の岸田尚子さん（インタビュー3参照）に来てもらい、報告やコメントをしてもらった。そのたびに会場にいる方々に驚かれ、「どうやったら自治体とこんなにうまくやれるんですか」と聞かれた。多くの研究者が自治体の調査を請け負っているが、「こんなにうまくいかないですよ」「そんな話、聞いたことないですよ」と口をそろえる。私たちにとっては初めての自治体との共同研究であったが、お互いに「こき使い」あって進む調査がおもしろくてたまらなかった。外国人住民の実態を知りたいという共通の目的をもった、幸せな出会いだったと思う。

しかし、（当初は単年度の計画であり）一年で、外国人住民全員へのアンケート、事業所へのアンケート、そして、さまざまな立場の外国人住民へのインタビュー、事業所側へのインタビューを行うのは、目が回るような忙しさであった。プロジェクトのリーダーである佐々木祐先生は「一年では無理やで〜」とよくぼやいていたが、そう言いながら「次、〇月〇日の聞き取りに行ける人？」と矢のようにメンバーに連絡を入れていた。そして二〇二〇年に子ども調査が始まると、「学校で調査ができる！」と再び喜び勇み、また日程調整が始まった（実際はコロナでほぼ一年延期したが）。その連続であった。

このような濃密な調査から生まれたのが本書である。当然のことながら全部は書き切れていないが、「一％の隣人たち」の現状を多くの地域の方々と共有したいと考え、編集した。それぞれの地域の状況について、さまざまな場で意見交換できればと願う。

二〇二二年度からは、神戸市でも「外国ルーツの子ども調査」を実施している。豊岡と神戸ではもちろん違いはあるが、私たちの頭にできた豊岡モデルを軸に、怒濤の調査の日々が続いている。

なお、本書のもとになった共同研究は、今回の執筆陣以外にも多くの方の協力を得て実施した。皆さんのお名前を挙げることはできないが、本プロジェクトを置き土産に神戸大学を退職された藤井勝先生には、共同研究のきっかけを作っていただいただけでなく、退職し一研究者に戻ったところで「フィールドワーカーかくあるべし」という背中を見せていただいた。あらためてお礼申し上げる。とくに院生や若手は「藤井先生は、ここまでするのか！」と驚き、手が抜けなかったのではないかと思う。また、二〇一〇年代からずっと私たちの研究を支えてくれている「あいうえお」の皆さん、とくに岸田尚子さんにも、お話を聞かせていただいたたくさんの方々にも、この場を借りてお礼申し上げたい。そして最後に、国際結婚の本に続き今回も編集の労を取っていただいた昭和堂の松井久見子さんにも感謝申し上げる。現場にばっかり行って、なかなか筆の進まない私たちに、ときには活を入れ、ときには「しゃーないな」と手綱を緩めつつ、完成に導いてもらった。松井さんのおかげでなんとか形にすることができ、ほんとうにホッとしている。

まもなく外国ルーツの方々は「二％」になり「五％」になっていくだろう（なるだろうか）。今後も隣人たちとの暮らしを注視していきたい。

なお、本書の出版にあたっては、神戸大学文学部・人文学研究科七〇周年記念事業出版助成より支援をいただいた。記してお礼申し上げる。

二〇二四年二月二三日

平井晶子

■執筆者紹介（執筆順）

佐々木祐　編者紹介参照

梅村麦生（うめむら むぎお）

神戸大学大学院人文学研究科講師。博士（文学）。専門は理論社会学、社会学史、亡命／移住社会学。おもな著作に『地方発　多文化共生のしくみづくり』（分担執筆、晃洋書房、2023年）、『3 STEP シリーズ社会学』（共編、昭和堂、2020年）など。

齊藤　優（さいとう ゆう）

神戸大学大学院人文学研究科博士後期課程。専門は社会学、移民研究。おもな著作に「日本への定着に向けた日系フィリピン人の選択――国内移動の一地点としての兵庫県豊岡市」（『社会学雑誌』38、2021年）、“The Transient Experience of Living in Cities: Focusing on the Instability of Japanese-Filipinos in Toyooka City, Hyogo Prefecture, Japan” (Proceeding of the 13th Next-Generation Global Workshop, 2020）など。

徳宮俊貴（とくみや としき）

社会構想大学院大学コミュニケーションデザイン研究科助教。博士（文学）。専門は社会学理論、社会構想の社会学。おもな著作に「見田宗介における『交響』」（『ソシオロジ』66（3)、2022年）、「大卒技能実習生の特徴とベトナムにおけるその背景――兵庫県豊岡市における外国人住民調査より」（『社会学雑誌』38、2021年）など。

平井晶子　編者紹介参照

小林和美（こばやし かずみ）

大阪教育大学教育学部教授。博士（学術）。専門は社会学、地域研究。おもな著作に『早期留学の社会学――国境を越える韓国の子どもたち』（昭和堂、2017年）、『アジアの家族とジェンダー』（共著、勁草書房、2007年）など。

奥井亜紗子（おくい あさこ）

京都女子大学現代社会学部准教授。博士（学術）。専門は家族社会学、農村社会学。おもな著作に『家と子どもの社会史――日本における後継者育成の研究』（分担執筆、吉川弘文館、2022年）、『農村―都市移動と家族変動の歴史社会学』（晃洋書房、2011年）など。

■編者紹介

佐々木祐（ささき たすく）
神戸大学大学院人文学研究科准教授。博士（文学）。専門は社会学、文化人類学、ラテンアメリカ地域研究。おもな著作に『集合的創造性——コンヴィヴィアルな人間学のために』（分担執筆、世界思想社、2021年）、『ジェンダー暴力の文化人類学——家族・国家・ディアスポラ社会』（分担執筆、昭和堂、2021年）など。

平井晶子（ひらい しょうこ）
神戸大学大学院人文学研究科教授。博士（学術）。専門は家族社会学、歴史人口学。おもな著作に『〈わたし〉から始まる社会学——家族とジェンダーから歴史、そして世界へ』（共編、有斐閣、2023年）、『リーディングス　アジアの家族と親密圏』全３巻（共編、有斐閣、2022年）、『外国人移住者と「地方的世界」——東アジアにみる国際結婚の構造と機能』（共編、昭和堂、2019年）など。

１％の隣人たち——豊岡発！外国人住民と共に生きる地域社会

2024年6月10日　初版第1刷発行

編　者　佐々木祐
　　　　平井晶子

発行者　杉田啓三

〒607-8494　京都市山科区日ノ岡堤谷町3-1
発行所　株式会社　昭和堂
TEL（075）502-7500／FAX（075）502-7501
ホームページ　http://www.showado-kyoto.jp

印刷　亜細亜印刷

ISBN978-4-8122-2313-0

＊乱丁・落丁本はお取り替えいたします。

Printed in Japan